ふだんの食材で
気軽につくる

人気の
おもてなし
料理

奈良発
Tomoko's Tableの
美味しいレシピ

白水智子 著

「食」を通して、心豊かな暮らしを。

料理に驚きと発見をプラスして

私は奈良の大和郡山でTomoko's Tableという料理教室を主宰しています。料理教室では皆さんがおなじみの食材を使って和洋中、エスニックと、バラエティ豊かな"おもてなし風メニュー"を家庭で気軽に楽しめるよう、作りやすくアレンジして、ご紹介し、好評をいただいます。
"おもてなし"というと、どうも構えてしまう向きがありますが、あまり堅苦しく考えず、まず自分の手の届く範囲内から始めることです。私はいつも、このお料理を作ってみたい！食べてみたい！とワクワクしながら、皆さんが喜ぶ様子をイメージしてお料理を考えています。そして何より自分自身が楽しんでいると、相手にも自然にその想いが伝わるものです。

～お料理を考えるとき意識していること～
- できるだけ旬の食材を使う
- 食材の種類はなるべく少なく、手に入りやすいものを。
- 家にある調味料を利用する。
- 味を大切にしながら調理方法はシンプルに
- なるべく添加物の少ない食材や調味料を選ぶ

ふだんのお料理も、工夫次第で、グンとおもてなし風にグレードアップさせるコツがあります。私が心がけているのは、食材の組み合わせを変えることや、ハーブやスパイスを合わせて香りに変化をつけたり、フルーツを野菜感覚でお料理に使ったり、いつものお料理に香りや食感で変化をつけることで、お料理に驚きや発見をプラスし

ています。さらに、ふだんから自分の五感を大切に、四季折々の移り変わりや、季節の行事、そして食材の旬を意識して暮らすことの中に、おもてなしやお料理のヒントをみつけています。日々を少し丁寧に暮らすことで、見える世界が変わってくると思っています。

奈良は日本の食文化発祥の地だといわれています

奈良は京都と並ぶ、日本を代表する古都です。「国のまほろば」とも、うたわれた大和は、日本の歴史上、都として最も早くその形を整えて発展したところです。そのため奈良には日本人の食の原点が今も息づいています。奈良にはそうした伝統を感じさせる食材をはじめ、新たな取り組みから生まれた食材も数多くあり、私も微力ながら、地元・奈良の魅力を「食」を通じてお伝えしたいと思っています。

この本では奈良の食材も多く使っています。ただし奈良の食材がなければお料理が作れないわけではありません。お料理の魅力は創意工夫が自由にできる点にもあります。この本を手にとってくださった皆さん一人ひとりが主役となり、この本のレシピを参考にして、ぜひそれぞれの土地の食材を生かしたお料理を作っていただければと思います。

「食」を通じて皆さんの日々の暮らしが、より豊かになるお手伝いできることが何よりの喜びです。

Tomoko's Table　白水 智子

CONTENTS

「食」を通して、心豊かな暮らしを ……………………………………………… 2

旬を楽しむ 四季の「簡単」おもてなし献立 ……………………… 7

春の献立　春を感じるイタリアン ……………………………………… 8
春の彩りサラダ／長いものスープ　レモンとミントの香り ……………… 10
牛肉のパン粉焼き　いちごと新玉ねぎのソース／シラスとせりのパスタ … 11

夏の献立　夏の爽やか＆ヘルシーエスニック ……………………… 12
すいかとオレンジのサラダ／アボカドの春巻き …………………………… 14
エビマヨマンゴー／豆乳坦々生姜麺 ………………………………………… 15

秋の献立　秋はおうちでほっこり和食 ……………………………… 16
大和肉鶏のごま味噌焼き／小松菜とキヌアのお浸し ……………………… 18
湯葉ごはん／長いもときのこのお椀 ………………………………………… 19

冬の献立　気軽なごちそうメニューでおもてなし ………………… 20
エビとりんごのヨーグルトソース・柿とクリームチーズのアールグレイ風味／紫いものスープ … 22
ポークソテーのマスタードソース　根菜蒸し焼き／きのこのリゾット　大和当帰の香り … 23

Tomoko's Table 気軽な"おもてなし"のすすめ ……………………… 24

野菜＆フルーツたっぷりメニュー ……………………………… 26

にんじんとはっさく、紫キャベツのサラダ ………………………………… 27
蛸、ふき、新じゃがのサラダ　木の芽の香り ……………………………… 28
すいかとアボカドのサラダ／雑穀米サラダ ………………………………… 29
白菜とりんごのコロコロサラダ ……………………………………………… 30
梨の中華風サラダ／水なすのサラダ ………………………………………… 31
豆と夏野菜のエスニックサラダ ……………………………………………… 32
秋のサラダ／冬のサラダ ……………………………………………………… 33
キャベツと柿のベトナム風サラダ …………………………………………… 34
ひもとうがらしのエスニックサラダ ………………………………………… 35
大根のそぼろサラダ …………………………………………………………… 36
柿とれんこんの甘酢／サーモンの白菜甘酢サラダ添え …………………… 37
春の緑の野菜ととろとろ玉子 ………………………………………………… 38
大和丸なすのソテー　チーズとはちみつを添えて ………………………… 39
白菜のチーズ焼き／白菜の葉のサラダ ……………………………………… 40
トルティージャ ………………………………………………………………… 41

● **小さい野菜のおかず** ……………………………………………………… 42
さつまいもの黄金煮／レタスのさっと煮／菜の花と花麩の酒粕和え …… 42
新じゃがのごま和え／宇陀金ごぼうのさっと煮　梅風味
　／れんこんとザーサイの炒めもの ………………………………………… 43

ふだんの食材で気軽につくる
人気のおもてなし料理
奈良発　Tomoko's Tableの美味しいレシピ

ふだんの食材でつくるメインディッシュ　44
- 豚肉のソテー　グレープフルーツ添え　はちみつバルサミコソース　45
- 牛ステーキときのことブルーベリーのソース　46
- 鶏肉のパン粉焼き　らっきょうタルタル添え　47
- 豚肉のしゃぶしゃぶ　アスカルビーのソース　山葵の香り　48
- 鯵のみどりソース　49
- ●ソースを知れば、メインメニューの幅が広がります　50
- 鶏肉の白ワイン煮込み　レモンの香り　52
- 牛肉の香味ソース　53
- チュニジア風　鶏肉のトマト煮とクスクス　54
- 大和丸なすとそぼろあん　カレー風味　56
- 冬の根菜和風グラタン　57
- フルーティな酢豚　58
- 生鮭の中華風炒め　59
- 新じゃがと牛肉の中華風炒め　カレー風味　60
- 北京ダック風　61

バラエティが楽しい　ごはん＆麺　62
- 大和根菜カレー　63
- 魚介とレモンのピラフ　64
- カニと香菜の焼きそば／きのこあんかけ焼きそば　65
- 香りごぼうと大和牛のペンネ　木の芽の香り　66
- 大和きくなとオイルサーディンのパスタ　67
- 三輪そうめんの黄金あん／中華風にゅうめん　68
- 三輪そうめんサラダ仕立て　桜の香り　69
- 蒸し寿司　奈良漬け風味　70
- 秋の具だくさん茶粥　71
- ●簡単＆美味しい！具入りのごはん　72
    - 緑茶の炒飯レモン風味／鶏肉と奈良漬けの炊き込みごはん
        - ／ほうじ茶風味の蛸ごはん　72
    - 煎り黒豆ごはん　ほうじ茶風味／長いもの炊き込みごはん　緑茶の香り
        - ／さつまいもとれんこんの炊き込みごはん　73

食卓が豊かになるスープ ·········· 74

- フルーティなガスパチョ ·········· 75
- 新玉ねぎのスープ ·········· 76
- 秋の具だくさん　イエローカレースープ ·········· 77
- 大和ふとねぎのスープ ·········· 78
- 大和丸なすの冷たいスープ　白味噌風味 ·········· 79
- ●バラエティ豊かなスープ＆汁もの ·········· 80
  - じゃがいもとりんごのスープ／トマトとアイスクリームのスープ ·········· 80
  - ごま豆腐ときのこの赤だし／牛肉と大根の白味噌仕立て椀 ·········· 81

わたしのお気に入り食材 NARA FOOD ·········· 82

- ●大和きくな　●大和まな　Pick up recipe 1　大和まなの和えもの
- ●ひもとうがらし　●大和丸なす　●宇陀金ごぼう　●味間いも ·········· 83
- ●筒井れんこん　●大和ふとねぎ
- ●結崎ネブカ　Pick up recipe 2　結崎ネブカいっぱい塩焼きそば ·········· 84
- ●アスカルビー　●柿　●はっさく　Pick up recipe 3　はっさくジャム ·········· 85
- ●奈良漬け　●黒大豆　●酒粕　Pick up recipe 4　酒粕カナッペアラカルト ·········· 86
- ●大和茶　●古代ひしお　Pick up recipe 5　古代ひしおバター
- ●大和肉鶏　●ヤマトポーク　●大和牛 ·········· 87

この本をお読みになる前に

◆分量表記について
・小さじ1は5㎖、大さじ1は15㎖、1合は約180㎖です。
・材料の分量は目安です。用途や状況に合わせて適宜調節してください。

◆材料について
・食材本来の味を生かしたいので、調味料なども含め、食材はできるだけ無添加のものを使用しています。
・オリーブオイルは、基本的にエキストラ・ヴァージン・オリーブオイルを使用しています。
・サラダ油はオリーブオイルや太白ごま油に代えても美味しくつくれます。
・奈良の食材については、巻末に「わたしのお気に入り食材　NARA FOOD」(p.82～87)として食材の紹介をしています。参考にしてください。取扱い先がある場合は、各食材の下に連絡先を記載しています。
・「濃いめのだし」とある場合は、混合節(カツオにサバやアジなどを混合したうま味の強いもの)でとっただしです。またはカツオ節を多めに加えてとった濃厚なだしでも構いません。

◆その他注意点
・調理時間やオーブンの温度などは目安です。
・電子レンジは600Wのものを使用しています。
・それぞれお使いの調理器具や状況によっても変わりますから、様子を見ながら調節してください。

旬を楽しむ

四季の「簡単」
おもてなし献立

春を感じるイタリアン

春の献立

［麺］シラスとせりのパスタ
［主菜］牛肉のパン粉焼き いちごと新玉ねぎのソース
［スープ］長いものスープ レモンとミントの香り
［サラダ］春の彩りサラダ

MAIN DISH

NOODLE

春の彩りサラダ

▶ 材料（4人分）
グリーンアスパラガス…1束
にんじん…1/2本
新玉ねぎ…1個
A ┌ トマトペースト…大さじ1
　├ オレンジジュース（果汁100％）
　│　　　　　　…大さじ2
　├ 白ワインビネガー…大さじ1
　├ 塩…小さじ1/3程度（お好みで）
　├ こしょう…少々
　└ オリーブオイル…小さじ2
木の芽…適量

▶ 作り方
1 アスパラガスは5cm長さに切り、縦半分に切る。さっとゆでてざるにあげる。
2 にんじんは皮をむいてピーラーでそぐ。新玉ねぎはスライスして水にさらし水気をしっかり絞る。
3 ボウルにAを入れ、よく混ぜてドレッシングを作る。
4 器に1人分につきドレッシング大さじ1をしき、アスパラガス、にんじん、玉ねぎを盛り、木の芽を散らす。

● MEMO
旬の野菜でどうぞ。ただし新玉ねぎは必須です。

SALADA
洋風仕立てのサラダに
和のハーブでアクセント

SOUP
ほっこり爽やかな味わいで
お腹にもやさしい

長いものスープ　レモンとミントの香り

▶ 材料（2人分）
長いも…250g
新玉ねぎ…1/2個（50g）
水…300㎖
塩…小さじ1/2
グリーンアスパラガス
　　　　　…1本
白ワイン…大さじ1
レモンの皮…少々
ミント…適量
オリーブオイル…適量

▶ 作り方
1 長いもは皮をむいて2cm厚さの輪切りにする。新玉ねぎは皮をむいてスライスする。
2 鍋に1の野菜と分量の水、塩を入れ、ふたをしてやわらかくなるまで煮たら火を止め粗熱をとる。
3 アスパラガスは5㎜厚さの輪切りにし、さっとゆでておく。
4 2をハンドミキサーでなめらかなピュレ状にする。
5 4と白ワインを合わせて火にかけ、ひと煮立ちさせたら塩で味を調える。
6 器に5のスープを注ぎ、3のアスパラガスとミントの葉を飾る。すりおろしたレモンの皮とオリーブオイルを落とす。

● MEMO
アスパラガスの代わりに、いんげん、スナップえんどう、グリンピースなどを使うのもおすすめです。

春の献立

牛肉のパン粉焼き いちごと新玉ねぎのソース

▶材料（2人分）
牛もも赤身肉（大和牛p.87）…80g×2枚
塩・こしょう…適量
溶き卵…1/2個分
小麦粉・パン粉…各適量
●いちごと新玉ねぎのソース
　いちご（アスカルビーp.85）…6個
　新玉ねぎ…50g（約1/2個分）
　A ┌ ウスターソース…大さじ1
　　├ 白ワインビネガー…小さじ2
　　├ オリーブオイル…小さじ2
　　└ 黒こしょう・塩…各少々
オリーブオイル…大さじ4
レタス、ベビーリーフなど…各適量

▶作り方
1 牛肉に軽く塩、こしょうをふり、小麦粉、溶き卵、パン粉の順につける。
2 「いちごと新玉ねぎのソース」を作る。新玉ねぎは薄くスライスする。いちごは5mm角に切る。
3 ボウルにA、2の新玉ねぎといちごを加えてマリネしておく。味が足りなければ塩で味を調える。
4 フライパンにオリーブオイルを熱して1の牛肉を焼く。両面きつね色に焼けたら、キッチンペーパーで余分な油を吸いとり、食べやすい幅に切る。
5 器にレタス類をのせて4の牛肉を盛り、3のソースをたっぷりかけ、黒こしょう少々（分量外）をふる。

MAIN DISH
甘酸っぱいいちごと牛肉の
新しい美味しさ

NOODLE
爽やかな春の香りと味わいを
パスタにからめていただきます

シラスとせりのパスタ

▶材料（2人分）
パスタ（スパゲッティ）
　…120g
塩…適量
シラス干し…100g
えのきだけ…1パック
せり…1束
オリーブオイル…大さじ1
白ワイン…40ml
ナムプラー…約小さじ2
こしょう…適量

▶作り方
1 えのきだけは根元を切り落として4等分に切る。
2 せりは根元を切り落とし、葉（飾り用）と茎の部分に切り分ける。茎は2cm長さに切る。
3 鍋に熱湯を沸かして塩適量（水1ℓに対して塩10g程度を目安に）を加える。沸騰したらパスタを入れ、ややかためにゆであげる。
4 フライパンにオリーブオイルを熱し、シラスとえのきだけを軽く炒める。白ワインとナムプラーを入れ、えのきがしんなりするまで炒める。
5 パスタがゆであがったら、4のフライパンにパスタとゆで汁少々を加える。せりの茎を加えて炒め合わせ、ナムプラーで味を調える。
6 器に5のパスタを盛り、オリーブオイルをまわしかけて、せりの葉を飾り、白こしょうをふる。

MEMO
＊根付きのせりが手に入ったら、根をみじん切りにして加えると、さらに香りよく仕上がります。
＊ナムプラーはアンチョビのかわりに使うと便利です。塩分が強いので量には気をつけます。

夏の爽やか&ヘルシーエスニック

MAIN DISH

NOODLE

夏の献立

［麺］豆乳坦々生姜麺
［主菜］エビマヨマンゴー
［副菜］アボカドの春巻き
［サラダ］すいかとオレンジのサラダ

すいかとオレンジのサラダ

▶ 材料（4人分）
- すいか…1/8個
- オレンジ…1個
- カッテージチーズ…大さじ3
- ブラックオリーブ（種抜き）…20g
- レモン汁…大さじ2～3
- ライム汁…1/2個分
- オリーブオイル…大さじ1
- フルール・ド・セル（天日塩）…2つまみ
- ミント・香菜…各適量

MEMO フルール・ド・セルはフランス製の大粒天日塩。ゲランドやレ島のものがよく知られる。ミネラル分が多く、まろやかな味わいが特徴。

▶ 作り方
1. オレンジは皮をむいて半分に切り、半月形のスライスにする。すいかは果肉だけをひと口大に切って種を取りのぞく。
2. 器にオレンジを並べてすいかを盛り、カッテージチーズとスライスしたオリーブをまんべんなくのせる。
3. レモン汁とライム汁、オリーブオイルを2にまわしかけ、フルール・ド・セルをふってミントと香菜を添える。

NARA FOOD

［すいか］ 原産地はアフリカの砂漠地帯とされ、その後、日本へは中国から伝来。明治時代に奈良県農業試験場で品種改良され優良なすいかが誕生。今も奈良県産のすいか種子が全国シェア約8割を占める。奈良は日本のすいかの故郷でもある。

SALADA
奈良名産のすいかを
お洒落なサラダ仕立てに

SIDE DISH
パリパリ、とろりと
対照的な食感がクセになります

アボカドの春巻き

▶ 材料（8本分）
- アボカド…1個
- レモン汁…少々
- 春巻きの皮…4枚
- 甜麺醤…大さじ1～1と1/2
- 黒こしょう…少々
- オリーブオイル…大さじ3
- すだち（くし形切り）…1個分
- 香菜…適量

▶ 作り方
1. アボカドは半分に切って種を取り除き、皮をむいて7mm厚さに切ってレモン汁をかけて色止めする。
2. 春巻きの皮は斜め半分に切り、三角形にする。
3. 三角形の皮の手前1/3にアボカド、2つ程度を置き、甜麺醤をぬる。黒こしょうをふり、手前から巻いて左右を内側に折りたたみ、巻き込む。巻き終わりを水でぬらし、閉じる。
4. フライパンにオリーブオイルを入れて火にかけ、3の春巻きを両面こんがりと焼く（中まで火を通さなくてもよい）。
5. 春巻きを斜め半分に切って器に盛り、すだちと香菜を添える。

夏の献立

エビマヨマンゴー

▶ 材料（3人分）
- エビ（無頭・殻付き）…小15尾
- A ┌ 塩…2つまみ
  │ こしょう…少々
  └ ウィスキー…小さじ2
- 小麦粉・片栗粉…各小さじ1
- オリーブオイル…大さじ2
- マンゴー…1個
- 新しょうが（みじん切り）…10g
- ●エビマヨソース
  - マヨネーズ…大さじ2
  - スイートチリ…大さじ1
  - ケチャップ…小さじ1
  - レモン汁…大さじ1
- 好みのレタス・ミント・香菜…各適量

▶ 作り方
1. エビは殻をむいて背ワタをとり、Aをなじませてマリネしておく。
2. ボウルに「エビマヨソース」の材料を入れて混ぜておく。
3. マンゴーは2cm角に切る。
4. 小麦粉と片栗粉を合わせて1のエビにまぶす。
5. フライパンにオリーブオイルを熱して、4のエビを両面焼き、新しょうがも加えて炒め合わせる。
6. 2のボウルに5のエビ、3のマンゴーを加えて和える。
7. 器にレタスをしいて6を盛り、ミント、香菜を添える。

MAIN DISH
濃厚なマンゴーと
ぷりぷりのエビが絶妙にマッチ

NOODLE
スープにごまと豆乳を使った
ヘルシーなピリ辛麺

豆乳坦々生姜麺

▶ 材料（2人分）
- 生姜麺（またはひやむぎ）…2束（100g）
- 豆乳（無調整）…200ml
- きゅうり…1/2本
- みょうが…1個
- 焼き豚（または、ハム）…50g
- 練りごま…大さじ1強
- 無添加ガラスープ（粒状）…小さじ1
- 熱湯…大さじ4
- 薄口醤油…小さじ1/2
- 赤からしな…適量
- ラー油…適量

▶ 作り方
1. きゅうり、焼き豚（またはハム）、みょうが、大葉は、それぞれせん切りにする。大葉は水に放してから水気をきっておく。
2. ボウルに練りごま、ガラスープを入れ、分量の熱湯で溶かす。豆乳も加えてよく混ぜたら薄口醤油で調味し、塩で味を調える。
3. たっぷりの熱湯で生姜麺をゆでて冷水にとり、水洗いをして水気を切る。
4. 器に生姜麺を入れて1の具を盛り、2のスープを注いで赤からし菜または大葉や香菜など）を添える。

NARA FOOD

[生姜麺] しょうがパウダーを練り込んだノンオイル製法のそうめん。色々な味と相性がよく、和風、洋風、中華風にアレンジ可能。冷製でも温製でもOK。温製の場合は生姜風味のゆで汁を生かして、だしやクリームスープ等と合わせると美味。通常のそうめんと同様に使うことができる。
◆ ㈱三輪そうめん山本
（p.69）

秋はおうちで
ほっこり和食

秋の献立

[主菜]　大和肉鶏のごま味噌焼き
[副菜]　小松菜とキヌアのお浸し
[ごはん]　湯葉ごはん
[汁物]　長いもときのこのお椀

RICE

SOUP

大和肉鶏のごま味噌焼き

▶材料（4人分）
鶏むね肉（大和肉鶏）…350g
●黒ごま味噌（p.51）
A ┌赤味噌…大さじ1と1/2
　├水…大さじ1
　├みりん…大さじ1
　├酒…大さじ2
　└砂糖…大さじ2
黒すりごま…大さじ5〜6
白ごま…少々

NARA FOOD

[大和肉鶏] 美味しさにこだわった奈良を代表するブランド地鶏。名古屋コーチン、シャモ、ニューハンプシャーの3品種を交配改良し、旨み、食感、適度な脂肪分を実現。和洋問わず幅広い料理を楽しむことができる（p.87）。

▶作り方
1 フライパンを中火にかけ、鶏肉の皮目から入れてふたをして焼く。途中、火を弱め、中まで火を通す。裏返して身のほうを軽く焼いたら取り出す。
2 「黒ごま味噌」を作る。耐熱容器にAを合わせ入れ、電子レンジ（600W）に1分程度かける。よく混ぜ合わせたら黒すりごまも加え、さらによく混ぜる。
3 1の鶏肉を8mm厚さにスライスする。
4 耐熱皿に3の鶏肉を並べて2の合わせ味噌をのせ、グリル（またはオーブントースター）に入れ、味噌の表面がカリッとするまで焼く。
5 焼きあがる直前に白ごまをふり、さらに色づくまで10〜20秒焼く。

MAIN DISH
しっとり焼いた鶏肉と
黒ごま味噌がポイント

SIDE DISH
プチプチ、シャキシャキ
食感がクセになります

小松菜とキヌアのお浸し

▶材料（4人分）
小松菜…1束
キヌア…大さじ3
柚子こしょう…小さじ1
濃口醤油…約小さじ1

▶作り方
1 キヌアはさっと水洗いして約10分ゆで、茶こしなどにあけて水気をきり、ボウルに入れる。
2 小松菜は根元を切り落としてサッとゆでて2cm長さに切って水気をしっかり絞る。
3 1のボウルに2の小松菜、柚子こしょうを入れて和え、味を見て醤油を加える。冷めたら器に盛る。

MEMO
キヌア：南米のアンデス高地が原産地とされ、数千年前より食用として栽培される。たんぱく質、ミネラル、ビタミンB群を豊富に含む。ぷちぷちとした食感を生かしてスープやサラダなどにも幅広く活用できる。

秋の献立

▶材料（4〜6人分）
米…2合
湯葉（乾燥）…30g
A ┌ 酒・水…各50㎖
　├ 砂糖…小さじ1
　├ みりん…大さじ1
　├ 薄口醤油…大さじ1強
　└ 塩…ひとつまみ
もみ海苔…好みの量

▶作り方
1 米は洗ってざるにあげ、同量の水（分量外）につけておく。
2 湯葉はたっぷりの水につけて戻す。
3 鍋にAの調味料、水気をしぼった湯葉を入れ、ふたをして弱火で煮る。
4 湯葉がやわらかくなって、味がしみたら火を止める。煮汁は別にとっておく。
5 4の煮汁に水を足して80㎖にし、1に加えて炊飯器で炊く。
6 ごはんが炊きあがったら、4の湯葉をのせてさっくり混ぜ、さらに10分蒸らす。器によそい、好みでもみ海苔を添える。

湯葉ごはん

RICE

手軽な乾燥湯葉を使って
贅沢感のあるごはんに

SOUP

ほっくりした長いもと
きのこの秋らしい汁もの

長いもときのこのお椀

▶材料（4本分）
長いも…12㎝程度
片栗粉・小麦粉…各小さじ1
昆布だし…600㎖
A ┌ しいたけ…4個
　├ えのき…1袋
　└ しめじ…小1株
B ┌ 酒…大さじ3
　├ 薄口醤油…大さじ1
　└ 塩…小さじ1/3
オリーブオイル…大さじ1
水溶き片栗粉…適量
おろししょうが・すだち…各適量

▶作り方
1 長いもは3㎝厚さの輪切りにして皮をむき、ラップをかけて電子レンジ（600w）で約3分加熱してそのまま冷ます。
2 Aのきのこ類はそれぞれ石づきをとる。しいたけは薄切り、えのきは2㎝長さに切り、しめじは小房に分け、大きいものは半分に切る。
3 鍋に昆布だしを入れて火にかけ、2のきのこ、Bを加えて加熱して火を通す。必要であれば塩で味を調え、水溶き片栗粉でゆるめにとろみをつける。
4 片栗粉と小麦粉を混ぜ、1の長いも全体にまぶす。フライパンにオリーブオイルを熱して長いもを入れ、こげないように全体に火を通す。
5 器に4の長いもをおいて3のきのこ汁を流し入れ、おろししょうが、すだちを添える。

気軽な
ごちそうメニューで
おもてなし

冬の献立

［前菜］エビとりんごのヨーグルトソース
　　　　柿とクリームチーズのアールグレイ風味
［スープ］紫いものスープ
［主菜］ポークソテーのマスタードソース　根菜蒸し焼き
［ごはん］きのこのリゾット　大和当帰の香り

柿とクリームチーズのアールグレイ風味　エビとりんごのヨーグルトソース

▶材料（4人分）

■エビとりんごのヨーグルトソース
- エビ（無頭・殻付き）…4尾
- 水、レモンの皮…各適量
- りんご…1/8個
  - ●ヨーグルトソース（p.51）
    - プレーンヨーグルト（水切りしたもの）※…大さじ1
    - オリーブオイル…大さじ3
    - レモン汁…小さじ1
    - 塩…2つまみ
    - クミン・コリアンダーパウダー…各適量
- ミント（またはイタリアンパセリ）…適量

■柿とクリームチーズのアールグレイ風味
- 柿（1cm角）…1/4個分
- ラム酒…小さじ1/2、はちみつ…小さじ1弱
- クリームチーズ…適量
- 紅茶葉（アールグレイ）…少々

▶作り方

1 「エビとりんごのヨーグルトソース」を作る。エビは殻付きのまま背開きにし半分に切る。尾は残す。
2 鍋にレモンの皮と水を入れて火にかけて沸かし、エビの色が変わるまでゆで、冷めたら殻をとる。
3 りんごは皮付きのまま、いちょう切りにし、レモン汁少々（分量外）をなじませてマリネする。
4 ボウルにヨーグルトソースの材料を合わせてよく混ぜる。
5 器に2のエビと3のりんごを盛り、4のヨーグルトソースをかけ、イタリアンパセリを添える。
6 「柿とクリームチーズのアールグレイ風味」を作る。柿をボウルに入れ、ラム酒、はちみつでマリネする。
7 スプーンの手前にクリームチーズ、奥に6の柿をのせ、アールグレイの茶葉を指先でひねってふる。

※プレーンヨーグルトはキッチンペーパー2枚を重ねざるに入れて冷蔵庫で一晩水切りしたもの。

APPETIZER

フルーツで彩り華やか、お洒落な前菜に

SOUP

きれいな紫色が印象的な滋味溢れるスープ

紫いものスープ

▶材料（4人分）
- 紫いも…150g
- 塩（紫いも用）…小さじ1/2
- 玉ねぎ…小1/6個
- 白味噌…小さじ1と1/2
- 水…250㎖＋200㎖
- 塩…少々
- よもぎ麩…1cm幅に切ったもの4個
- 春菊（または三つ葉）の茎…適量
- 柚子の皮…少々
- オリーブオイル…適量

▶作り方

1 紫いもは皮をむいて1cm厚さの輪切りにする。玉ねぎも薄くスライスする。
2 よもぎ麩は1cm角に切る。柚子の皮は細かく切る。春菊の茎は5㎜厚さの小口切りにする。
3 鍋に水250㎖、塩を加えて火にかけ、1の紫いもを入れてやわらかくなるまで煮る。火からおろして粗熱がとれたらミキサーなどでピュレ状にする。
4 鍋に3のピュレを戻し、水200㎖を加えて火にかける。白味噌を溶かし入れ、塩で味を調える。
5 2のよもぎ麩を4に加え、温まったら器に入れ、2の柚子の皮、春菊の茎をのせ、オリーブオイルたらす。

MEMO　「よもぎ麩」は、よもぎを練り込んだ生麩で、モチモチとした食感が身上。小麦の植物性タンパク質成分グルテンを主材料にして作られています。手に入らない場合は、よもぎ餅で代用可能。冷凍保存もできます。

冬の献立

ポークソテーの マスタードソース 根菜蒸し焼き

▶材料（4人分）
豚ロース肉
　（とんかつ用／ヤマトポーク p.87）…4枚
塩・こしょう…各適量
●マスタードソース（p.51）
　白ワイン・水…各40㎖
　粒マスタード…大さじ1と1/2
　練りからし…小さじ1と1/2
　はちみつ…小さじ1と1/2
●野菜の蒸し焼き
　ごぼう…1/2本、りんご…1/2個
　れんこん180ｇ、里いも…2個
　さつまいも…1/2本
オリーブオイル…大さじ2
塩…小さじ1弱
白ワイン…大さじ2
ローズマリー…2枝

▶作り方
1　「根菜の蒸し焼き」を作る。ごぼうはたわしなどでこすって洗い、5㎜厚さ斜め切りにして水にさらす。れんこんは皮をむいて1㎝厚さの半月切りにして酢水（分量外）にさらす。里いもは皮をむいて輪切りにする。さつまいもは皮付きのまま1㎝厚さの輪切りにする。りんごは皮をむいてくし形に切り、さらに半分に切る。
2　鍋にオリーブオイルを熱し、2の野菜類を入れて全体に炒めたら、分量の白ワイン、塩を加える。ふたをして弱火でじっくり火を通す。八分通り火が通ったら、ローズマリーを入れて香りを移す。
3　豚肉に塩、こしょうをして、フライパンに入れ、ふたをして両面を焼いて取り出す。フライパンにマスタードソースの材料を入れてアルコール分をとばし、とろみがつくまで煮詰める（水の量は肉汁の分量によって加減する）。
4　3の豚肉を皿に盛り、3のマスタードソースをかけて2の根菜類を添える。

MEMO 焼いた豚肉をソースと一緒にサッと煮て和えてもよいでしょう。

MAIN DISH
ポークソテーに根菜と
りんごの蒸し焼きを添えて

RICE
生薬として知られる大和当帰を
用いた医食同源の一品

きのこのリゾット 大和当帰（やまととうき）の香り

▶材料（2人分）
米…150ｇ
干ししいたけ…15ｇ
水（しいたけ戻し用）
　…500㎖
まいたけ…30ｇ
生ハム…20ｇ
オリーブオイル…大さじ2
塩…小さじ2/3
大和当帰（パウダー）…少々
こしょう…少々
オリーブオイル（仕上げ用）
　…小さじ2
粉チーズ…10ｇ

▶作り方
1　干ししいたけを分量の水で戻して粗みじん切りにする。まいたけと生ハムは、粗みじん切りにする。
2　鍋にオリーブオイルを熱して米を洗わずに入れ、米が乳白色になるまで炒めたら、1のきのこ類、生ハムを加える。
3　2に干ししいたけの戻し汁と水を合わせて500㎖に調整し、塩を加える。沸騰したら弱火にしてふたをせずに約10分煮る。
4　米にややかために火を入れ、水分をほぼ吸ったら、こしょう、大和当帰パウダーと粉チーズを混ぜ、塩で味を調える。器に盛ってオリーブオイルをかける。あれば大和当帰の茶葉をもんでちらす。

Nara Food

［大和当帰］　セリ科。葉は鮮やかな深緑色でセロリに似た香りが特長。乾燥させたトウキの根は生薬として冷え性、血行障害、強壮、鎮痛薬などの漢方薬として知られる。ここでは乾燥した葉を使用。使いやすいパウダー状の商品もある。

◆ポニーの里ファーム
http://ponynosatofarm.shop-pro.jp/

気軽な"おもてなし"のすすめ

Tomoko's Table

"おもてなし"は相手を想う心から生まれます。

"おもてなし"という言葉をよく耳にします。おもてなしというのは、相手のことを想う心から生まれる、目に見えないものです。ですから、おもてなしには、これといった型があるわけではありません。それぞれのスタイルで、自分なりに相手のことを想って考えることが大事なのだと思います。

季節感や旬を大切にすると、自然におもてなしができます。

私自身、料理教室の生徒さんをお迎えする前には、まず季節や旬の食材を意識してメニューを考えることからはじめます。次にお料理にあった器やテーブルクロス、ランチョンマットといった全体のイメージを考えていきます。
旬の食材を使うことも大切に考えています。旬の食材は、美味しいだけでなく、その時季に体が必要な栄養素が詰まっており、食材そのものに力があり、美味しくてヘルシー!と一石二鳥。
季節のお花をさりげなく生けて置くのもおすすめ。私は毎回、季節やお料理のイメージに合わせて、お花をセレクトして生けています。お花があると、お客さまに喜んでいただけるだけでなく、自分自身の気持ちも明るくなります。

テーブルセッティングも気楽に考えて

お家で"おもてなし"というと、何か特別なことをしなければいけないのでは?またはお洒落なテーブルセッティングを思い浮かべられる方も多いかと思いますが、必ずしもそのようなことはありません。私の考えるおもてなしは、お家で気楽に楽しみながらできることが前提です。あれもこれも揃えなければ!と、思う必要はなく、まずは今、手元にあるものからはじめればよいと思います。私自身も最初はお料理にランチョンマットをしくことからはじめました。マットも決まったものでなく、お気に入りの日本てぬぐいや和紙を使っても楽しいです。そこから、自分の好きな色や、少し違った色合いのもの、また年中行事に合わせて小物や器を少しずつ揃えたり……。とにかく"楽しみながら"がコツです。器については、まず使いやすさや盛り付けやすさを念頭において揃えています。やはり、お料理が主役だと思っていますので、器はシンプルなものが基本です。ただ、そうした中でも、ときどき遊び心をプラスして個性的な器を織り交ぜて使うと、アクセントになり食卓が華やぎます。
最後に、おもてなしで何より大切なことは、相手のことを想い描きながら、相手の立場に寄り添って考えること。結局はそれが一番のおもてなしになるのではないでしょうか。

野菜＆フルーツたっぷりメニュー

健康と美容にも嬉しい野菜とフルーツは、
ふだんからたっぷりいただきたいもの。
ここでは野菜にフルーツをプラスした
メニューも数多くご紹介しています。
フルーツを組み合わせると、
お料理の印象が明るく華やかになります。

にんじんとはっさく、紫キャベツのサラダ

甘酸っぱいはっさくとにんじんのオレンジジュース煮に
ほろ苦い紫キャベツを組み合わせました。紫キャベツ
はビネガーの力でより鮮やかに。ミントがアクセントです。

▶材料（4～5人分）
にんじん…1本
A ┌オレンジジュース（果汁100%）…60㎖
  │はちみつ…小さじ1～1と1/2
  └塩…ひとつまみ
紫キャベツ…1/4個
はっさく…1個
B ┌白ワインビネガー…小さじ2
  │レモン汁…1個分
  │はちみつ…小さじ1
  │クミンパウダー…少々
  └オリーブオイル…大さじ1
塩…少々
ミントの葉…適量

▶作り方
1 にんじんは皮をむいてピーラーで5㎝くらいにスライスして鍋に入れ、Aを加えて火にかける。にんじんが少ししんなりするまで煮たら火からおろし、すぐに鍋ごと冷水に当てて冷ます。
2 はっさくは皮をむいて袋から実を出して、食べやすい大きさに切る。
3 紫キャベツは2㎜幅のせん切りにして軽く塩をふり、しんなりさせて水気をきっておく。
4 ボウルに1、2、3を入れ、Bを加えて全体に和える。塩で味を調えて器に盛り、ミントをたっぷり添える。

VEGETABLE & FRUIT

蛸、ふき、新じゃがのサラダ 木の芽の香り

スペイン料理のタコとじゃがいもの定番タパスから発想を得て、相性のよいタコとじゃがいものコンビに和とエスニックの食材を合わせてアジア風の一品に仕立ててみました。

▶材料（4人分）
タコ…200g
新じゃがいも…3個（約300g）
ふき…2〜3本
A ┌ 白ワインビネガー…小さじ2
  │ ナムプラー…小さじ2と1/2
  │ レモン汁…1個分
  │ 砂糖…小さじ1/2
  │ 白こしょう…少々
  └ オリーブオイル…大さじ3
木の芽…適量

▶作り方
1 タコはさっとゆで、ひと口大の乱切りにする。
2 じゃがいもは皮ごとゆで、八分どおり火が通ったら取り出して、さらにラップをかけずに電子レンジに1〜2分かけて水分をとばし、ホクホク感を出す。皮をむいてひと口大に切る。
3 ふきはさっとゆでて鮮やかな緑色になったら冷水にとり、スジをとって2cm長さに切る。
4 ボウルにAをすべて入れてよく混ぜたら、1、2、3が温かいうちに加えて和え、味をなじませる。器に盛り、木の芽をたっぷり添える。

すいかとアボカドのサラダ

すいかをアボカドと一緒にお洒落なサラダ風に。
赤と緑のコントラストも気に入っています。

▶材料（4〜5人分）
すいか（p.14）…1/8個
レモン汁…1個分
アボカド…1個
白ワイン（甘口）…小1〜2
チーズ…20g〜30g
黒こしょう（ホール）…適量
ミントの葉…適量

MEMO
＊チーズはセミハード、ハード系を使っています。
＊アボカドを入れた後は、あまり混ぜすぎないようにするときれいに仕上がります。
＊白ワインは甘口がおすすめ。なければ甘口のリキュール（コアントローやキルシュ）でもOKです。

▶作り方
1　アボカドは皮をむいて種をとり、1.5cm角に切ってボウルに入れ、レモン汁でマリネしておく。
2　すいかは皮をむき、2cm角に切って1に入れる。チーズを5mm角に切る。
3　白ワインも加えさっと和える。
4　器にすいか、アボカド、チーズを盛り合わせ、粗く挽いた黒こしょうを散らし、ミントの葉も添える。

雑穀米サラダ

ヘルシーな雑穀と野菜がたっぷりとれるサラダです。
雑穀は少しかためにゆでた方がサラダには合います。

▶材料（3〜4人分）
雑穀米…大さじ7強
A ┌ レモン汁…1/2個分
　│ 白ワインビネガー…大さじ1
　│ オリーブオイル…大さじ2
　│ 塩…小1/2
　└ こしょう…少々
きゅうり…1本
セロリ…10cm程度
パプリカ（赤・黄）…各1/8個
トマト（1cm角）…1〜2個分
ミントの葉…適量

▶作り方
1　鍋に好みの雑穀米とたっぷりの水を入れ、少しかためにゆで、ざるにあげて冷水で洗い、水気をきる。
2　ボウルにAを入れてよく混ぜ合わせ、1の雑穀を加える。
3　きゅうり、セロリ、パプリカは各5mm角程度に切って2のボウルに入れ、全体によく混ぜて塩で味を調える。
4　グラスにトマトを入れ、上に3をのせ、ミントを添える。

VEGETABLE & FRUIT

白菜とりんごのコロコロサラダ

旬の白菜の芯は果物にも引けをとらないほど甘くジューシーでシャキシャキ！
赤いりんごやキウイと一緒に和えてグラスに盛り、かわいい雰囲気に。

▶材料（4〜5人分）
白菜の芯…中3枚
りんご…1/2個
キウイ…1個
ハム（厚切り）…1枚
A ┌レモン汁…1個分
　│白ワインビネガー…大さじ1
　│白ワイン…大さじ1
　│オリーブオイル…大さじ2
　│塩…小1/4
　└砂糖…2つまみ
ミントの葉…適量

▶作り方
1　ボウルにAを入れ、よく混ぜ合わせておく。
2　白菜の芯はよく洗い、1cm角に切る。りんごは皮をむき、白菜と同じくらいの大きさに切る。キウイは皮をむき、縦に1/4のくし切りにし、いちょう切りにする。ハムは白菜と同じくらいの大きさに切る。
3　2をすべて1のボウルに入れ、さっと和える。
4　ミントの葉を手でちぎる。3のボウルに入れて和える。
5　器に盛り、ミントの葉を添える。

梨の中華風サラダ

果汁あふれる梨にクリーミィなごまドレッシングをかけました。トマトやレタスも一緒に盛ると彩りも鮮やかになります。

▶材料（2人分）
梨…1/2個
トマト…1個
レタス…1/2個
スプラウト…適量
A ┌ 豆乳…大さじ5
　│ 練りごま…大さじ1
　│ 薄口醤油…小さじ1/2
　│ 酢…小さじ1
　└ 塩…小さじ1/3

▶作り方
1 梨は皮をむいて5㎜厚さのくし形に切る。トマトも梨と同じように薄いくし形に切る。
2 レタスは1㎝幅に切る。
3 ボウルにAの材料を入れて、よく混ぜ合わせてドレッシングを作る。
4 皿に2のレタスをしいて、1の梨とトマトを交互に並べて3のドレッシングをかける。スプラウトをのせる。

水なすのサラダ

アクが少なくジューシーな水なすは生食にぴったり。ほんのり甘みもあり、なすが苦手な方にもおすすめです。

▶材料（4人分）
水なす…1個
紫玉ねぎ（みじん切り）…1/2個分
A ┌ みょうが（粗みじん切り）…2個分
　│ ナムプラー…大さじ1と1/2
　│ オリーブオイル…大さじ1と1/2
　└ 酢…大さじ1
レモン汁…1/2個分
香菜（好みのハーブなど）…適量

▶作り方
1 Aの紫玉ねぎは水でさらして水気を絞ってボウルに入れ、残りのAの材料を加えてなじませ、マリネする。
2 水なすはヘタを落として縦半分に切り、縦に5㎜厚さの半月に切る。レモン汁をなじませてマリネする。
3 皿に1の野菜を汁ごと盛って2の水なすを並べ、冷蔵庫で冷やす。仕上げに香菜を添える。

VEGETABLE & FRUIT

豆と夏野菜のエスニックサラダ

ほくほくした大福豆がおいしい具だくさんのサラダ。
大福豆は、ゆでたじゃがいもに代えて作っても美味しいです。

▶材料（4～5人分）
　大福豆（または、白いんげん豆）…150g
　ゆで玉子…2個
A ┌ 玉ねぎ（みじん切り）…1/2個分
　├ パプリカ（粗みじん切り）…1/2個分
　├ きゅうり（粗みじん切り）…1本分
　└ トマト（1cm角切り）…1個分
B ┌ レモン汁…1/2個分
　├ オリーブオイル…大さじ3
　├ 白ワインビネガー…大さじ3
　├ 塩…小さじ1弱
　├ こしょう…少々
　└ はちみつ…小さじ1
　クミン・カルダモン・コリアンダー…各小さじ1/3
　好みのハーブ（ミント、バジル、パセリなど）…適量

▶作り方
1 鍋に豆とたっぷりの水（分量外）を入れて一晩漬けたら、漬け汁ごと火にかける。沸騰したらざるにあけ、鍋に水を新たに入れて豆を戻して弱火にかけ、やわらかくなるまで煮る。
2 ゆで玉子は4等分のくし形に切り、さらに半分に切る。
3 ボウルにBを合わせてドレッシングを作る。
4 3のボウルに1の豆を温かいうちに加えて和え、マリネする。
5 豆が冷めたらAの野菜類を加え、よく合わせる。
6 続いてクミン、カルダモン、コリアンダーも加えて和える。
7 器に6を盛ってゆで玉子を添え、好みのハーブ類も飾る。

MEMO
大福（おおふく）豆は、中くらいの大きさの白いんげん豆。煮るとクセがなく、ホクホクして甘みがあり、おいしいです。

秋のサラダ

さつまいも、柿、りんご、木の実を使った実りの秋を感じるボリュームあふれるサラダです。

▶材料（4人分）
　柿…1個
　レモン汁…1個分
　りんご…1/2個
　はちみつ…小さじ2
　さつまいも…中1本
　オリーブオイル…大さじ1〜2
　大和きくな(p.82)…1/2袋
　水菜…1/2袋
　くるみ…適量
　フルール・ド・セル(p.14)…適量

▶作り方
1 きく菜、水菜はそれぞれ3㎝長さに切る。
2 さつまいもはよく洗い、軽くラップに包んで電子レンジ（600W）で4分加熱する。やわらかくなったら、そのまま粗熱をとる。
3 柿とりんごは、それぞれ皮をむいていちょう切りにしてボウルに入れ、レモン汁でマリネしておく。
4 2のさつまいもの皮をむいて、縦十文字に切り、1㎝幅に切る。
5 3のボウルに4とはちみつを加え、よく合わせる。
6 1のきく菜、水菜も5のボウルに入れざっくりと合わせて器に盛る。くるみを手で割って散らし、オリーブオイルとフルール・ド・セルをかける。

冬のサラダ

冬野菜のサラダに、ほろ苦いふきのとうでつくる早春の香りのドレッシングをかけていただきます。

▶材料（4人分）
　かぶ…1個
　白菜…葉（大）…1枚
　大和きくな(p.82)…1/3束
　カニ（むき身）…適量

●ふきドレッシング
　ふきのとう…小1個
　白味噌…大さじ1と1/2
　水…大さじ2
　酢…大さじ2
　みりん…小さじ2
　オリーブオイル…小さじ2

▶作り方
1 「ふきドレッシング」を作る。ふきのとうは半分に切り、ゆでて冷水にさらしてから細かく切って、水気を絞る。
2 耐熱容器にふきのとう以外のドレッシングの調味料をすべて入れ、電子レンジで40秒くらい温めたら、1のふきのとうも加えて混ぜる。
3 白菜は葉と芯部分に切り分ける。葉は横にして1㎝幅に切る。芯部分は繊維に沿って5㎝長さの細切りにする。
4 かぶは皮をむいて半月にスライスする。大和きくなは5㎝長さに切る。
5 3の白菜と4のかぶと大和きくなを合わせて器に盛り、カニ身を添えてふきドレッシングをまわしかける。

VEGETABLE & FRUIT

キャベツと柿のベトナム風サラダ

ベトナムやタイで人気の「青パパイヤのサラダ」をキャベツでアレンジしました。
和の果物を代表する柿の甘味に爽快なミントを組み合わせたところがポイントです。

▶材料（4〜5人分）
- キャベツ…5〜6枚
- 柿（p.85）…1個
- 玉ねぎ…1/4個
- 鶏むね肉…1枚（約230g）
- A
  - レモン汁…大さじ3〜4
  - 酢…大さじ1
  - スイートチリソース…大さじ2
  - 砂糖…大さじ1
  - ナムプラー…大さじ2
  - 赤唐辛子（小口切り）…1本分
- カシューナッツ…20個
- ミント…適量

▶作り方
1. 鶏むね肉を熱湯で2分ほど静かに煮て火を止め、ふたをしてそのまま約30分おく。
2. キャベツはせん切りに、玉ねぎはスライスする。柿は皮をむいて棒状に切る。
3. カシューナッツは乾炒りして粗く砕いておく。
4. ボウルにAをすべて合わせて混ぜ、ドレッシングを作る。
5. 1の鶏肉の粗熱がとれたら、細くさいて4のボウルに入れ、2の野菜と柿とミントの葉適量も加えてざっくりと和える。
6. 器に5を盛って3のカシューナッツをふり、ミントを添える。

ひもとうがらしのエスニックサラダ

ごはんのおかずにも酒のつまみにも向くピリ辛の炒め物。タイ料理のひき肉入りサラダをもとに、奈良の伝統野菜「ひもとうがらし」を使ってノンオイルでヘルシーに。

▶ 材料（4人分）
- ひもとうがらし…100g
- 鶏ひき肉…200g
- 香菜…1束
- 赤唐辛子（小口切り）…1本分
- A
  - 玉ねぎ…1/2個
  - レモン汁…1個分
  - 酢…大さじ1
  - 砂糖…大さじ1と1/2
  - ナムプラー…大さじ1と1/2
- ミント…適量
- ライム（または、すだち）…1/2個
- 炒り米（好みで）…少々

▶ 作り方
1. ひもとうがらしはヘタをとり、長いものは半分に切る。香菜は葉をちぎり、根と茎は細かく切る。玉ねぎは縦半分に切り、3mm幅にスライスする。
2. ボウルに2の玉ねぎ、Aの材料をすべて入れ混ぜ合わせる。
3. フッ素加工のフライパンに鶏ひき肉を入れ、しっかり炒める。1の香菜の根と茎、赤唐辛子を加え、八分通り火が通ったら1のひもとうがらしも加え、鮮やかな緑色になるまで炒める。
4. 3を2のボウルに加え、味を確認してから砂糖、ナムプラー、酢で味を調えて冷ます。
5. 器に盛り、ミントと香菜の葉、ライムを添える。好みで炒り米をふる。

MEMO
* 鶏肉は豚肉にしても美味しくできます。
* 炒り米は、生米をフライパンで濃いキツネ色になるまで弱火でじっくりと炒ったもの。

NARA FOOD

［ひもとうがらし］ 奈良の夏の定番野菜のひとつ。ししとうと辛とうがらしの雑種から選抜されたといわれる。長さ10〜15cmの細長い甘唐辛子。皮はやわらかくて薄い。苦味はなく甘味があり、さっぱりとした味（p.83）。

VEGETABLE & FRUIT

大根のそぼろサラダ

大根が美味しくなる時季におすすめのサラダです。
ピーラーでむいた大根を肉のそぼろとからめていただきます。
そぼろはごはんにも合うので、多めに作っておくと便利です。

▶材料（4人分）
- 大根…250g
- まいたけ…1パック
- 三つ葉…1束
- 豚ひき肉…250g
- A ┌ 水…80ml
  │ 酒…大さじ3
  │ 濃口醤油…大さじ3
  └ 砂糖…小さじ2
- みりん…小さじ2
- 塩…少々
- 水溶き片栗粉…適量
- 七味唐辛子（または黒七味）…少々

▶作り方
1. 大根は皮をむいてピーラーで食べやすい長さにスライスする。さっと水にさらし、ざるにあげておく。
2. まいたけは粗みじんに切る。三つ葉はさっと洗い2cm幅に切る。
3. フッ素樹脂加工のフライパンに豚肉、まいたけを入れて炒め、豚肉の色が変わってきたらAを入れ、さらにしっかり火を通す。
4. 続いてみりんを加え、塩で味を調えたら、水溶き片栗粉でとろみをつけてまとめる。
5. 器に1の大根を広げて盛り、4のそぼろあんをのせる。たっぷりの三つ葉を添え、七味唐辛子をふる。

柿とれんこんの甘酢

れんこんの甘酢漬けに柿をプラス。
フルーティな一品になりました。
柿は少しかためのものがおすすめ。

▶材料（4人分）
　柿…1個
　れんこん…200ｇ
　●甘酢
　　酢…150㎖
　　砂糖…大さじ4
　　水…200㎖
　　塩…小さじ2/3
　実山椒（または山椒香味油）

▶作り方
1　鍋に甘酢の材料をすべて入れて火にかけて沸かしたら、保存容器に入れて冷ます。
2　れんこんは、皮をむいて縦半分に切って乱切りにする。酢を加えた熱湯でさっとゆでてざるにあげる。熱いうちに、実山椒とともに1の甘酢に漬けて冷ます。
3　柿は皮をむいて、くし形に切ってから斜め半分に切り、2に加える。1～2時間おいて味をなじませてから器に盛る。

> MEMO
> 実山椒が手に入らない場合は、甘酢に粉山椒少々を加えてもOKです。

サーモンの白菜甘酢サラダ添え

白菜の芯を使った甘酢漬けをサーモンのソテーにたっぷりかけます。メインデッシュにもなるお料理です。

▶材料（4人分）
　サーモン（スライス）…大2切れ
　白菜の芯…2枚分
　せり…適量
　●甘酢
　　酢…大さじ4～5
　　砂糖…大さじ1と1/2
　　塩…小さじ2/3
　　赤唐辛子（小口切り）…1本
　　柚子の皮（みじん切り）…適量
　上新粉…適量
　サラダ油…大さじ1

▶作り方
1　サーモンは半分に切って塩を軽くふっておく。
2　白菜の芯は5㎜角に切り、せりの茎も5㎜長さに切る。
3　ボウルに甘酢の材料をすべて合わせてよく混ぜ、2の野菜を加えて合わせる。
4　1のサーモンの水気をふいて上新粉をまぶし、サラダ油を熱したフライパンでサーモンの両面を中火で焼く。中まで火が通ったら強火にして全体を焼く。
5　器に4のサーモンを盛る。3の白菜の甘酢をたっぷり添え、セリの葉を飾る。

VEGETABLE & FRUIT

春の緑の野菜ととろとろ玉子

とろとろのスクランブルエッグに春野菜をたっぷり添えました。
卵は余熱で火が入ってしまうので早めに火を止めるのがコツ。

▶材料（4人分）
　グリーンアスパラガス
　　…4本
　スナップえんどう…8本
　そら豆…12粒
　卵…2個
　生クリーム…大さじ2
　牛乳…大さじ1
　粒マスタード…小さじ2
　オリーブオイル…適量

▶作り方
1 アスパラガスは根元のかたい部分を切り落として斜め切りにする。そら豆はさやから出す。スナップえんどうはすじをとる。
2 1の野菜をそれぞれ塩ゆでする。スナップえんどうは縦半分に切り、そら豆は薄皮をむく。
3 ボウルに卵を割り入れ、生クリーム、牛乳、粒マスタードも加えてよく混ぜる。
4 鍋の大きさに合わせたクッキングシートを二重にしき（ガスを使う場合は火にふれないよう注意）、3の卵液を入れて弱火にかけ、かき混ぜながら半熟になるまで加熱する。
5 皿に4を盛り、アスパラガス、そら豆、スナップえんどうをのせる。仕上げにオリーブオイルをまわしかける。

大和丸なすのソテー
チーズとはちみつを添えて

厚めに切ったなすをジューシーなステーキ風に焼きあげました。
最後に添えるサラミとはちみつの甘じょっぱさがクセになります。

▶材料（4人分）
　大和丸なす（または丸なす）
　　…1個
　サラミ（粗みじん切り）…適量
　カッテージチーズ
　　…大さじ2と2/3
　はちみつ…小さじ4
　オリーブオイル…大さじ3
　塩…適量
　黒こしょう…少々
　バジル…適量

▶作り方
1　なすは上下のヘタを切り落として横4等分にして両面に塩をふり、しばらくおいて表面の水気をふきとる。
2　フライパンにオリーブオイルを入れて熱し、丸なすを並べる。ふたをして弱火で両面をじっくりと焼く。途中、オイルが足りなければ適宜足す。
3　器に2のなすを盛り、カッテージチーズ、サラミをのせ、はちみつをまわしかける。黒こしょうをふり、バジルの葉を添える。

NARA FOOD

［大和丸なす］　大和郡山市近郊を中心に古くから栽培されている伝統野菜。丸くて艶やかで見ばえがよく、肉質はキメ細やかで緻密。食感はやわらかく煮くずれしにくく、高級食材として好評を得ている（p.83）。

VEGETABLE & FRUIT

白菜のチーズ焼き

白菜の芯のシャキシャキ食感がポイントです。できたての熱々のところをいただくのがおすすめ。

▶材料（4人分）
　白菜の芯…180g
　カレー粉…小さじ1/2
　塩…少々
　ピザ用チーズ…適量
　オリーブオイル…適量
　ナツメグ…少々

▶作り方
1　白菜の芯は縦6㎝、幅1㎝程度のスティック状に切る。
2　耐熱容器に1の白菜を入れ、軽く塩をふり、カレー粉をまぶす。
3　ピザ用チーズをのせ、トースター等で約10分、チーズが溶けるまで焼く。
4　焼きあがったら、オリーブオイルをまわしかけ、ナツメグをふる。

白菜の葉のサラダ

「白菜のチーズ焼き」で残った白菜の葉でササッとスピーディにできるサラダです。ナッツと柚子がアクセント。

▶材料（4人分）
　白菜の葉（大）…約3枚
　くるみ…5個
　柚子…1個
　薄口醤油…小さじ2
　オリーブオイル…大さじ1

▶作り方
1　白菜は1㎝幅に切って器に盛る。
2　柚子は皮の1/4を薄くむいて2㎜角に切る。残りは果汁を絞る（柚子がない場合、薄口醤油をポン酢に代えてもよい）。
3　1の白菜に2の柚子の皮をふる。絞り汁、薄口醤油、オリーブオイルもまわしかける。最後に好みのナッツ（くるみの他、松の実などもおすすめ）をふる。

トルティージャ

ほくほくのじゃがいもを加えたシンプルなスペイン風オムレツ。
粉チーズにパルミジャーノを使うとグンと本格的な味わいに。

▶材料（直径23cmのフライパン1枚分）
じゃがいも（メークイン）…3個
卵…4個
オリーブオイル（じゃがいも用）…大さじ1
塩…少々
A ┌ オリーブオイル…大さじ1
　│ 粉チーズ…大さじ3
　│ 牛乳…大さじ4
　│ 塩・こしょう…各少々
　└ イタリアンパセリ…適量

▶作り方
1 じゃがいもは皮をむいて、せん切りにする。
2 ボウルに卵を割り入れ、Aの材料をすべて加え、よく混ぜ合わせる。
3 フライパンにオリーブオイルを入れて熱し、1のじゃがいもを入れて塩をふる。少し透き通るまで炒めたら火を止め、2のボウルに加えて混ぜる。
4 フライパンにオリーブオイル少々を熱して3の卵液を流し入れる。火を弱めてふたをし、鍋肌の卵液がかたまるまで火を通したら裏返し、同様に焼いて中まで火を通す。器に盛り、好みでイタリアンパセリを添える。

小さい野菜のおかず

ごはんのおかずにも、おつまみにもぴったりな小さな野菜のおかずを紹介します。あともう一品!というときにも便利です。

さつまいもの黄金煮

オレンジジュースで煮て爽やかな味わいに

作り方(4人分)／さつまいも中サイズ2本(約200g)は、皮付きのまま2cm厚さの輪切りにして水にさらす。鍋にオレンジジュース(果汁100%)1カップとはちみつ大さじ2、さつまいもを入れ、ふたをして弱火でやわらかくなるまで煮る。好みでコアントローやブランデー少々を加えて煮詰め、とろりとしたら火を止める。

レタスのさっと煮

野菜がたっぷりいただけて、煮汁も美味しい

作り方(作りやすい分量)／レタス1個は1cm幅のざく切りにする。セロリ1/2本の茎は斜めせん切りに、葉は5mm幅のせん切りにする。油揚げ1枚は縦半分に切ってから1cm幅の短冊に切り、フライパンでこんがり焼いて濃口醤油・砂糖・酒各大さじ2を加えてからめ、レタスとセロリも加えて、サラダ油大さじ1をまわしかけて炒める。野菜がしんなりしたら、みりん大さじ1を加え、塩で味を調えて器に盛り、七味唐辛子少々をふる。

菜の花と花麩の酒粕和え

ほろ苦い菜の花と酒粕の香りが絶妙にマッチ

作り方(4人分)／菜の花60gは、さっとゆでて2cm長さに切って水気を絞る。花麩(おつゆ麩)10個は水に漬けて戻し、しっかり絞る。鍋に昆布だし100mlと酒粕(p.86)小さじ2、みりん小さじ1、塩2つまみを加えてよく溶かし、水気を絞った麩を加えてさっと煮て火を止める。粗熱がとれたらゆでた菜の花を加えて和え、好みで練りからし小さじ1/4を加えて和える。

新じゃがのごま和え

ホクホクの新じゃがが美味しい時季にどうぞ

作り方（4人分）／新じゃがいも小～中サイズ4～5個は皮をむいて4等分する。スナップえんどう8本はスジをとってゆで、2～3cm幅に切る。鍋にごま油大さじ1を入れて熱し、じゃがいもを炒め、酒大さじ3、砂糖・みりん各小さじ2、濃口醤油大さじ1と1/2、水50mlを加えてふたをして煮る。水分がなくなったら水少々を足す。やわらかくなったらふたをとり、強火で水分を飛ばして火を止める。黒すりごま大さじ3～4、スナップえんどうを加えて和える。

宇陀金ごぼうのさっと煮 梅風味

野菜がたっぷりいただけて、汁も美味しい！

作り方（4人分）／宇陀金ごぼう小1本（150g／p.83）は皮をこそげて縦半分に切り、斜め薄切りにして水にさらす。鍋にごぼう、水150ml、砂糖・薄口醤油各小さじ1/2（梅干しの塩分により調整）を入れてふたをして5～6分弱火で煮る。ごぼうがやわらかくなったらふたをとり、煮汁が少し残る程度まで煮る。最後に花カツオひとつかみと叩いた梅肉（中粒）1/2個分を入れ、全体に混ぜる。

れんこんとザーサイの炒めもの

シャキシャキ、コリコリの食感が楽しい

作り方（4人分）／れんこん300gは皮をむいて拍子木切りにして水にさらし水気をきる。フライパンにサラダ油大さじ1を熱してれんこんを炒め、ザーサイ（せん切り）50g、濃口醤油小さじ1と1/2（ザーサイの塩分により加減）加えて炒め合わせる。れんこんに火が通ったら、ごま油小さじ2をまわしかけて火を止め、黒こしょうをたっぷりとふる。

ふだんの食材でつくるメインディッシュ

ふだんの食材でつくる
いつもとちょっと違うお料理を紹介します。
まずはソースを代えるだけで
簡単なのに本格的な味わいに。
洋風、和風、エスニック風、中国風など
多彩な味わいを楽しみましょう。

豚肉のソテー グレープフルーツ添え はちみつバルサミコソース

爽やかな初夏にぴったりのお肉料理です。
甘酸っぱいグレープフルーツとはちみつが豚の脂とよく合います。

▶材料（4人分）
豚肉（とんかつ用／ヤマトポークp.87）…4枚
塩・こしょう…各適量
グレープフルーツ（ピンク）…2個
●はちみつバルサミコソース（p.50）
　はちみつ…大さじ3
　バルサミコ酢…小さじ3
ローズマリー…3〜4本
イタリアンパセリ…適量
タイム…2〜3本

▶作り方
1 グレープフルーツは皮をむいて袋から果肉を出す。
2 はちみつをバルサミコ酢でのばしてソースを作る。
3 豚肉に塩、こしょうをふり、熱したフライパンに入れ、ローズマリー、タイムを豚肉にのせて、ふたをして焼く。
4 豚肉の表面が白っぽくなったら裏返して反対側も焼く。焼き上がったら4〜5等分に切る。
5 器に4の豚肉と1のグレープフルーツを盛り、2のソースをまわしかけてイタリアンパセリを添える。

MAIN DISH

牛ステーキときのことブルーベリーのソース

奈良県東部地域ではブルーベリーも栽培されています。そのまま食べても美味しいブルーベリーをきのこと一緒に和風ソースに。簡単になのにグンとご馳走風になります。

▶材料（4人分）

牛ステーキ肉
　（大和牛 p.87）
　　…80ｇ×4枚
A ┌ しめじ…1株
　│ まいたけ…1パック
　│ しいたけ…5枚
　└ エリンギ…2本
ブルーベリー…80g
オリーブオイル
　　…大さじ1

B ┌ 赤ワイン…大さじ1
　│ みりん…大1
　│ 濃口醤油
　│ 　…大さじと1/2
　└ 砂糖…少々
塩…少々
すだち…1個
好みの添え野菜…適宜

▶作り方

1 ソースを作る。Aのきのこ類はさっと洗って石づきをとり、小房に分けておく。しいたけは4等分に切る。エリンギは厚めにスライスする。
2 ブルーベリーもさっと洗いざるにあげ、水気をきる。
3 フライパンにきのこ類すべてを入れて火にかけ、オリーブオイルを加えて炒める。
4 きのこ類がこんがり焼けたら、Bを加えて味を調える。
5 ブルーベリーを加え、ブルーベリーが少しやわらかくなったら火を止めてソースを仕上げる。
6 牛肉に塩をふり、熱したフライパンで好みの焼き加減で両面を焼く。
7 牛肉を取り出し、粗熱がとれたら食べやすい厚みに切って器に盛る。5のソースをかけ、好みの添え野菜とすだちを添える。

鶏肉のパン粉焼き　らっきょうタルタル添え

タルタルソースのピクルスと玉ねぎの代役をらっきょうの甘酢漬けが務めます。
らっきょうは甘さ控えめのものを使うと味のバランスがよくなります。

▶材料（4人分）
鶏むね肉（大和肉鶏 p.87）…350g
塩・こしょう…各少々
小麦粉、溶き卵、パン粉…各適量
オリーブオイル…大さじ3～4
●らっきょうタルタルソース（p.51）
　ゆで卵…3個
　らっきょう（粗みじん切り）…6個分
　イタリアンパセリ（粗みじん切り）
　　…4本分
　白ワインビネガー…大さじ2
　マヨネーズ…大さじ1
　オリーブオイル…大さじ2
　塩…小さじ1/2
　こしょう…少々

フルーツグラノーラ
　…大さじ2～3
A ┌ バルサミコ酢…大さじ1
　│ オリーブオイル…小さじ2
　└ 黒こしょう…適量
パプリカパウダー（好みで）
　…少々
ベビーリーフ…適量

▶作り方
1　鶏肉は1～2cm厚さのそぎ切りにして、軽く塩、こしょうをふる。小麦粉、溶き卵の順につけてパン粉をまぶす。
2　「らっきょうタルタルソース」を作る。ボウルにゆで卵を入れてつぶし、残りの材料をすべて加えてよく混ぜ合わせ、塩で味を調える（作りやすい分量）。
3　ボウルにグラノーラとAを入れて和えておく。
4　フライパンにオリーブオイルを熱して1の鶏肉をこんがり焼いたらキッチンペーパーにとって油をきる。
　器に4の鶏肉を盛り、らっきょうタルタルソース適量をかける。ベビーリーフと3のグラノーラを添え、好みでタルタルソースにパプリカパウダーをふる。

MAIN DISH

豚肉のしゃぶしゃぶ
アスカルビーのソース　山葵(わさび)の香り

いつものいちごが和風ソースでたっぷりいただけます。豚肉の脂とも相性抜群。
酸味と甘味のバランスがよいアスカルビーがぴったり。わさびの香りもポイントです。

▶ 材料（2〜3人分）
　豚バラ肉（しゃぶしゃぶ用／大和ポークp.87)…120g
● アスカルビーのソース（p.50）
　いちご（アスカルビーp.85）…4〜5粒（約90ｇ）
　┌ 練りわさび…小さじ1/2強
　A 酢…小さじ2
　└ 薄口醤油…小さじ1
　花わさび…適量

▶ 作り方
1 「アスカルビーのソース」を作る。ボウルにAを入れ、よく混ぜる。いちごはヘタを取って5mm角に切り、ボウルに入れて軽く和える。
2 鍋に湯を沸かし、豚バラ肉をさっとくぐらせて火を通して取り出す。
3 器に2の豚肉を盛り、1のソースをたっぷりとかける。あれば花わさびを添える。

MEMO
＊いちごを調味料と和えるとき、混ぜすぎないよう注意しましょう。
＊わさびの分量はお好みで加減してください。生のわさびが手に入ればぜひ使ってみてください。その場合は量をやや控えめにします。

NARA FOOD
［アスカルビー］　2000年に品種登録された奈良生まれのいちご。粒は大きめ。赤い宝石のようなツヤのある果皮、ジューシーで、ほどよい甘味と酸味が特徴（p.85）。

鯵のみどりソース

きゅうりとメロンに酢を加えた爽やかな甘酢が魅力。
白身魚や鶏肉でつくっても美しくいただけます。

▶材料（4人分）
アジ（小）…2尾
●みどりソース（p.50）
　きゅうり…10cm
　アンデスメロン
　　…約1/8個
　酢…大さじ2
　塩…小さじ1/3
サラダ油…大さじ2
大葉…4枚

▶作り方
1 アジは3枚におろし、軽く塩をふっておく。
2 きゅうりとメロンは、それぞれ5mm角に切ってボウルに入れ、酢と塩で和えてマリネしておく。メロンの甘味が足りない場合は、砂糖少々（分量外）を加える。
3 大葉はせん切りにして水にはなしてざるにとって水気をきる。
4 フライパンにサラダ油を熱し、1のアジを皮目から入れてふたをして中火で焼く。表面が白っぽくなったら裏返してふたをする。火を止め、そのまま約1分おいてアジをとり出す。
5 器に4のアジを盛ってみどりソースをたっぷりとかけ、3の大葉を添える。

ソースを知れば、メインメニューの

メインとなるメニューを考えるときに、ソースのバリエーションを知っていれば、簡単にメニューの幅を広げることが可能です。ここでは私のお気に入りのソースから使い勝手のよいものをピックアップして紹介します。

簡単＆シンプル！
いろいろ使えます

はちみつ
バルサミコソース

▶材料（作りやすい分量）
はちみつ…大さじ3
バルサミコ酢…小さじ3

▶作り方
はちみつにバルサミコ酢を加えて、よく溶けのばしておく。

[おすすめの使い方]
肉類のソテー全般と好相性。長ねぎと濃口醤油をプラスし「さっぱり焼き鳥風」。ブリに塩、こしょうをしてオリーブオイルでソテーし、ソースをからめ、濃口醤油、ローズマリー少々を隠し味に足して「洋風ブリ照り焼き風」に。さらに濃口醤油を加えれば酢豚にも。

⇒豚肉のソテー　グレープフルーツ添え　はちみつバルサミコソース（p.45）

いちご×わさびの
新しい出会い

アスカルビーの
ソース

▶材料（作りやすい分量）
いちご（アスカルビー）
　…4～5粒（約90ｇ）
A［練りわさび…小さじ1/2
　　酢…小さじ2
　　薄口醤油…小さじ1］

▶作り方
ボウルにAを入れ、よく混ぜる。いちごはヘタを取って5mm角に切ってAのボウルに加えて軽く和える。

[おすすめの使い方]
鶏肉、豚肉、牛肉料理のほか、タコやホタテのカルパッチョ風にも。淡白な味わいの素材と相性がよい。いちごは甘味と酸味のしっかりしたものが向く。

⇒豚肉のしゃぶしゃぶ　アスカルビーのソース　山葵の香り（p.48）

爽やかな色と
味わいが魅力
の甘酢

みどりソース

▶材料（作りやすい分量）
きゅうり…10cm
アンデスメロン
　…約1/8個
酢…大さじ2
塩…小さじ1/3

▶作り方
きゅうり、メロンは、それぞれ5mm角に切ってボウルに入れ、酢と塩で和えてマリネしておく。

[おすすめの使い方]
白身や青魚系の魚のほか、鶏肉にも合う。オリーブオイルを加えると洋風に。「鮎の塩焼き」のたで酢がわりに。「鯛の昆布じめ」ソースとして。メロンの甘味が足りない場合は、砂糖少々を加えて調整する。

⇒鯵のみどりソース（p.49）

肉料理全般に合う
万能ソース

香味ソース

▶材料（作りやすい分量）
新しょうが（みじん切り）
　…30ｇ
細ねぎ（みじん切り）…1本分
みょうが（みじん切り）
　…2個分
ウスターソース…大さじ5
バルサミコ酢…大さじ2
ごま油…大さじ1と1/2
塩…小さじ1/4

▶作り方
ボウルに材料をすべて入れてよく混ぜ、20分程度おいて味をなじませる。

[おすすめの使い方]
肉類全般、魚のソテー、ムニエルのソースに。ブリやサバのソテーにも。シュウマイにかけても美味。

⇒牛肉の香味ソース（p.53）

SOURCE

味が広がります

らっきょうでお手軽タルタルソース

肉汁を生かした味わい深いソース

見た目に反してマイルドな味わい

さっぱり爽やか！簡単＆ヘルシーなソース

らっきょうタルタルソース

▶材料（作りやすい分量）
ゆで卵…3個
A ┌ らっきょう甘酢漬け
  │   （粗みじん切り）…6個分
  │ 白ワインビネガー…大さじ2
  │ マヨネーズ…大さじ1
  │ イタリアンパセリ
  └   （粗みじん切り）…5本
塩…小さじ1/2
こしょう…少々

▶作り方
ボウルにゆで玉子を入れてつぶし、Aの材料を加えよく混ぜ合わせ、塩、こしょうで味を調える。らっきょう甘酢漬けは甘さ控えのものがおすすめ。

[おすすめの使い方]
フライ料理、白身魚、エビやホタテのパン粉焼きや、ソテーに。ディップとして野菜につけても。

⇒鶏肉のパン粉焼き　らっきょうタルタル添え（p.47）

マスタードソース

▶材料（作りやすい分量）
白ワイン・水…各40㎖
粒マスタード
　…大さじ1と1/2
練りからし…小さじ1と1/2
はちみつ…小さじ1と1/2

▶作り方
肉を焼いたときに出る肉汁があれば、そこにマスタードソースの材料を加えてアルコール分をとばし、とろみがつくまで煮詰める（水の量は肉汁の分量によって加減する）。

[おすすめの使い方]
肉類と相性がよい。「豚肉のしょうが焼き」のように最後に肉にからめて仕上げると美味しい。蒸し鶏や白身魚のソテーにも。

⇒ポークソテーのマスタードソース　根菜蒸し焼き（p.23）

黒ごま味噌

▶材料（作りやすい分量）
A ┌ 赤味噌…大さじ1と1/2
  │ みりん、水…各大さじ1
  └ 酒、砂糖…各大さじ2
黒すりごま…大さじ5～6

▶作り方
耐熱容器にAを合わせ入れ、電子レンジ（600W）に1分程度かける。よく混ぜ合わせて黒すりごまを加え、さらによく混ぜる。

[おすすめの使い方]
鶏肉、豚肉をはじめ、根菜類に合う。豚肉のグリルやローストに、また蒸した里いもの和え衣にしても美味しい。

⇒大和肉鶏のごま味噌焼き（p.18）

ヨーグルトソース

▶材料（作りやすい分量）
水きりしたヨーグルト（p.22）
　…大さじ3
レモン汁…小さじ2
オリーブオイル…大さじ1
塩…2つまみ
クミンパウダー…適量
コリアンダーパウダー…適量

▶作り方
ボウルにすべての材料を入れよく混ぜ合わせる。スパイスを加えると風味が豊かに。

[おすすめの使い方]
蒸し鶏のほか、牛薄切り肉のソテー、魚介のグリルやソテーのソースに。玉ねぎやきゅうり、トマトを刻んだものを加えてサラダ風ソースにするのもおすすめ。

⇒エビとりんごのヨーグルトソース（p.22）

MAIN DISH

鶏肉の白ワイン煮込み　レモンの香り

鍋ひとつでできる、おもてなしにぴったりの一品。鶏肉に焼き色をつけすぎないようにするのがコツです。ジューシーでうまみのある大和肉鶏で作ると美味しい。

▶材料（4人分）

鶏もも肉（大和肉鶏 p.87）
　　…約500g（2枚）
小麦粉・塩・こしょう
　　…各適量
白ワイン…200㎖
キルシュ…70㎖
玉ねぎ（粗みじん切り）
　　…1/2個分
にんにく（みじん切り）…1片分

ナツメグ…少々
生クリーム…50㎖
チーズ…10g
レモン汁…大さじ1〜2
オリーブオイル
　　…大さじ2
バター…10g
レモンの皮（せん切り）
　　…1/2個分

MEMO
＊チーズはハード系かセミハード系のものを使っています。
＊レモンはなるべく無農薬でノーワックスのものがおすすめです。

▶作り方

1　鶏肉は余分な脂、皮を取り除いて、半分に切り、塩、こしょうをすりこみ、小麦粉をまぶす。
2　厚手の鍋にオリーブオイルを熱してバターを溶かす。1の鶏肉を皮目から入れて薄くきつね色になるまで両面焼いたら、バットにとり出す。
3　2の鍋に玉ねぎを入れ、しんなりするまで炒めたら2の鶏肉を戻し入れ、分量の白ワイン、キルシュを入れ、弱火で50分ほど煮込む。
4　3の鍋に生クリーム、レモン汁、ナツメグ少々を加えて軽く煮る。
5　チーズを加え、溶けたら塩で味を調えて器に盛り、レモンの皮をのせる。

牛肉の香味ソース

牛肉をシンプルに焼いて香味豊かなソースでいただきます。
香味ソースは肉との相性がよく、使い勝手抜群！ぜひお試しくださいね。

▶材料（4人分）
 牛もも肉
   （ステーキ用／大和牛 p.87）…4枚
 塩・こしょう（牛肉用）…各少々
 ●香味ソース（p.50）
   新しょうが（みじん切り）…30g
   細ねぎ（みじん切り）…1本分
   みょうが（みじん切り）…2個分
   ウスターソース…大さじ5
   バルサミコ酢…大さじ2
   ごま油…大さじ1と1/2
   塩…ひとつまみ
 香菜…適量

▶作り方
1 ボウルに「香味ソース」の材料をすべて入れてよく混ぜ、20分程度おいて味をなじませる。
2 牛肉に軽く塩・こしょうをする。
3 フッ素樹脂加工のフライパンを火にかけ、2の牛肉を入れて両面を焼き、好みの加減に焼きあげる。
4 器に3の牛肉を盛って香味ソースをたっぷりとかけ、香菜を添える。

チュニジア風 鶏肉のトマト煮とクスクス

鶏肉のトマト煮を米粒状のパスタの一種クスクスと一緒にいただく、ちょっとエキゾチックな味わいのお料理です。うまみたっぷりの煮汁を吸いこんだクスクスも美味しい。

▶材料（5〜6人分）
■鶏肉のトマト煮
鶏もも肉（大和肉鶏p.87）
　…2枚（500g〜600g）
塩…少々
フェンネル・クミン・カイエンペッパー
　　　　　　　　　　　…各適量
小麦粉…適量
オリーブオイル…大さじ2
玉ねぎ（みじん切り）…1/2個分
にんにく（みじん切り）…1片分
A ┌ にんじん（1cm角）…1本分
　│ ひよこ豆（水煮缶）…1/2缶（200g）
　│ トマト（水煮缶）…1缶（400g）
　│ トマトペースト…大さじ2
　│ 白ワイン…50㎖
　│ 水…100㎖
　└ 塩…小さじ1/2
B ┌ クミン・フェンネル…各少々
　│ カイエンペッパー…適量
　└ イタリアンパセリ（粗みじん切り）
　　　　　　　　　　　…適量

■クスクス
クスクス…80g
鶏肉のトマト煮の煮汁…60㎖
水…20㎖
ターメリック…小さじ1/2
クミン…少々
オリーブオイル…大さじ1
イタリアンパセリ…適量

▶作り方
1 「鶏肉のトマト煮」を作る。鶏もも肉は1枚を4〜6等分に切り、塩とフェンネル、クミン、カイエンペッパーをよくすりこみ、小麦粉をまぶす。

2 鍋にオリーブオイルを熱し1の鶏肉を両面をこんがり焼いたら、玉ねぎとにんにくも加えて透明になるまで炒め、Aの材料を加える。ふたをして素材がやわらかくなるまで弱火で20〜25分くらい煮る。

3 「クスクス」を作る。耐熱ボウルにクスクスを入れ、2の煮汁60㎖と分量の水、ターメリック、クミンを合わせて混ぜてクスクスにかけ、全体を混ぜる。ラップをかけて水分を吸収するまで5分くらいおく。

4 3を電子レンジ（600W）で約3分加熱し、ダマにならないようにほぐし、オリーブオイルを加えて全体になじませる。

5 2の鶏肉がやわらかくなったら、Bを加えて火を止める。

6 器に4のクスクス、5の鶏肉のトマト煮の順に盛り、イタリアンパセリを添える。

MAIN DISH

大和丸なすとそぼろあん　カレー風味

ボリュームもあり食べごたえも十分！ぽってりした丸なすの口当たりが魅力です。
シャキシャキとしたみょうがの食感と爽やかな香りもポイント。

▶材料（4人分）
大和丸なす（p.83）…1個
サラダ油…大さじ4
●そぼろあん
　鶏ひき肉…200g
　昆布だし…130㎖
　酒…大さじ1
　みりん…大さじ2
　濃口醤油…大さじ1
　塩…小さじ1/3
　カレー粉…小さじ1〜1と1/2
　水溶き片栗粉…適量
みょうが（せん切り）…2個分

▶作り方

1. 「そぼろあん」を作る。鍋に昆布だしを入れて火にかけ、沸いてきたら鶏ひき肉を入れ、ダマにならないように混ぜながら火を通す。途中、出てくるアクはとる。
2. 鶏肉に火が通ったら、酒、みりん、濃口醤油、塩を入れて味を調えたら、カレー粉を加えて溶かす。水溶き片栗粉を加えて火を通し、しっかりとしたとろみをつける。
3. なすはヘタを落として横1/4の輪切りにする。水にはなしてアクをとったら水気をしっかりふきとる。
4. フライパンにサラダ油を熱してなすを入れ、ふたをして中火から弱火で両面じっくり焼く。焼き上がったら、キッチンペーパーで余分な油を吸いとる。
5. 器にそぼろあんをしいて4のなすを置く。みょうがをたっぷりと天盛りにする。

MEMO

＊カレー粉は好みで加減してください。
＊水溶き片栗粉を入れたら、しっかり火を通しましょう。

冬の根菜和風グラタン

ごろりとした根菜をたっぷりと使った和風のグラタン。
もちもちした「よもぎ麩」の食感と風味がアクセントです。

▶材料（4～5人分）
れんこん（筒井れんこん p.84）…250g
ねぎ（大和ふとねぎ p.84）…1本
里いも（味間いも p.84）…500g
よもぎ麩（p.23）…60g
昆布（8×8cm）…1枚
塩…小さじ1/2
水…300mℓ
酒粕（p.86）…大さじ1と1/2～2
白味噌…大さじ2
ピザ用チーズ…適量
柚子の皮（みじん切り）…適量

▶作り方
1 れんこんは、皮をむいて縦半分か1/4に切り、1cm厚さに切る。ねぎは斜め切りにする。里いもは洗って皮つきのまま水からゆで、沸騰したら弱火にして2～3分ゆでたら火を止め、そのまま5分おく。冷水にとって皮をむき、1cm厚さの輪切りにする。
2 よもぎ麩は1cm角に切る。
3 鍋に昆布と水を入れて約30分おき、1の野菜と塩を入れて火にかけ、野菜がやわらかくなるまで煮る。昆布は取り出す。
4 3によもぎ麩を加え、酒粕と白味噌を溶かし入れたら塩で味を調えて耐熱皿に移し入れる。
5 4にチーズをたっぷりかける。220℃に予熱したオーブンに入れ、こんがりするまで10分程度焼く。仕上げに柚子の皮をふる。

MAIN DISH

フルーティな酢豚

豚肉とマンゴーをメインに作る酢豚はパイナップルジュースがポイント。
トロピカルな味わいが楽しめるうえ、肉をやわらかくする効果もあります。

▶材料（4人分）

- 豚ロース（とんかつ用／ヤマトポークp.87）…3枚
- 下味（塩・こしょう・ごま油）…各少々
- 片栗粉…大さじ2
- 小麦粉…大さじ1
- きゅうり…1本
- マンゴー…1個
- サラダ油…大さじ2
- A
  - パイナップルジュース（果汁100%）…100㎖
  - 白ワインビネガー…大さじ4
  - 白ワイン…大さじ2
  - 濃口醤油…大さじ2
  - 砂糖…大1〜1と1/2
- 水溶き片栗粉…適量
- ごま油…小さじ1
- 香菜…適量

MEMO
パイナップルの酵素の働きで肉がやわらかくなります。

▶作り方

1. 豚肉はひと口大に切り、塩、こしょう、ごま油で下味をつけてから粉類をまぶす。
2. きゅうりは乱切りにする。マンゴーは皮をむいて2㎝角に切る。
3. Aを合わせておく。
4. フライパンを熱してサラダ油をなじませ、1の豚肉を焼く。
5. 肉に火が通ったら3の合わせ調味料ときゅうりを入れる。
6. きゅうりが透き通ってきたら、水溶き片栗粉を加えて好みの加減にとろみをつける。最後にマンゴーを加え、ごま油をまわし入れて器に盛り、香菜を添える。

生鮭の中華風炒め

バルサミコ酢やウスターソース、みりんなどでしっかり調味し、ごま油で香りづけしています。サケの臭みも気にならず、お弁当のおかずにも好適。

▶材料（4人分）
- サケ（生）…350g
- 塩…少々
- 紹興酒（または酒）…小さじ1
- 片栗粉・小麦粉…各適量
- れんこん…150g
- パプリカ（赤）…1/2個
- 長ねぎ…1本
- しょうが（みじん切り）…10g
- オリーブオイル…大さじ2
- 紹興酒…大さじ3
- A ┌ 水…40ml
  ├ バルサミコ酢…大さじ2
  └ ウスターソース…大さじ3
- 塩…少々
- みりん…大さじ1
- ごま油…小さじ2
- スプラウト…1/2パック
- 七味唐辛子…適量

▶作り方
1. サケは皮をとり、ひと口大に切ってボウルに入れ、塩、紹興酒で下味をつけたら、片栗粉と小麦粉を合わせてまぶす。
2. れんこんは皮をむいて5mm厚さの半月切りにしてさっと水にさらし、ざるにあげる。
3. パプリカは種をとって1cm角に切る。長ねぎは1cm幅の小口切りにする。
4. フライパンにオリーブオイルを入れて熱し、1のサケを入れて表裏を焼く。3の長ねぎ、しょうがを加えて焼き、紹興酒を加える。
5. さらに、2のれんこんと3のパプリカ、Aを加え、野菜類に火が通るまで炒め煮にして、塩で味を調える。
6. 最後にみりんとごま油をまわし入れ、全体を混ぜて火を止める。器に盛り、スプラウトを添え、好みで七味唐辛子をふる。

MAIN DISH

新じゃがと牛肉の中華風炒め　カレー風味

ホクホクの新じゃがいもが主役の炒め物。作りおきもできるので多めに
作っておくと便利です。冷めても美味しいのでお弁当にもどうぞ。

▶材料（4人分）
　新じゃがいも（男爵）…400g～500g（4～5個）
　牛肉（焼き肉用／大和牛 p.87）…200g
　新玉ねぎ…1個
　しょうが（みじん切り）…20g
　┌トマトジュース（無塩）…160～180㎖
　│トマトケチャップ…大さじ1
　│酒…大さじ2
　A│塩…小さじ1/2
　│砂糖…小さじ1弱
　│濃口醤油…小さじ1
　└カレー粉…小さじ1と1/2
　ごま油…小さじ2
　ミニトマト…適量
　香菜（またはイタリアンパセリ）…適量

▶作り方
1　新じゃがいもは皮をむいて4等分に切って耐熱ボウルに入れ、電子レンジで2～3分加熱する。新玉ねぎはひと口大に切る。
2　牛肉は食べやすい大きさに切る。
3　鍋を熱して牛肉を焼き、脂が出てきたら、新玉ねぎ、しょうがを加えてしんなりするまで炒める。
4　3の鍋に1のじゃがいもとAを入れ、ふたをして、じゃがいもがやわらかくなるまで弱火で煮る。
5　ふたを開け、煮汁を少し煮詰めて水分をとばす。仕上げにごま油をまわし入れて火を止める。器に盛り、くし形に切ったミニトマト、香菜を添える。

北京ダック風

鶏肉と食パンを使って手軽につくれる北京ダック風の一品です。
パンに鶏肉と野菜、濃厚な甘味噌をのせ、手巻きにしていただきます。

▶材料（4人分）
- 鶏もも肉（大和肉鶏 p.87）…1枚（約280ｇ）
- 青ねぎ（結崎ネブカ p.84）…2本
- きゅうり…1/2本
- パン（サンドイッチ用）…8枚
- ●甘味噌
  - 赤味噌…大さじ1と1/2
  - みりん…小さじ1
  - はちみつ…大さじ2
  - ごま油…小さじ2

▶作り方
1. 鶏肉は厚みのある部分は包丁で切り開き、厚みをそろえる。
2. きゅうりはパンの長さに合わせて5㎜角の棒状に切る。青ねぎは斜め薄切りにする。
3. 「甘味噌」を作る。耐熱ボウルにごま油以外の甘味噌の材料を入れて電子レンジで温め、よく混ぜ、最後にごま油も加えて混ぜる。
4. フライパンを熱し、1の鶏肉を皮目から入れてふたをして焼く。8分程度焼いたら裏返して両面を焼く。火が通ったら器に出して粗熱をとり、1cm幅に切る。
5. パンは1枚ずつラップにはさみ、めん棒でのばして均一に薄くする。
6. 器に2の野菜、4の鶏肉、5のパンを並べ、甘味噌を添える。パンに甘味噌をぬり、鶏肉、野菜を巻いていただく。

バラエティが楽しい ごはん＆麺

RICE & NOODLE

ごはん＆麺メニューは、
それだけで食事メニューになるので、
忙しいときにも頼もしい存在。
新しい味にも気軽にチャレンジできる点も魅力です。
意外な美味しさが楽しめるメニューを紹介します。

大和根菜カレー

滋味溢れる冬の大和の根菜をたっぷり煮込んで和風カレーに。
スパイスと根菜の効果で体の芯からほっこりと温まります。

▶ **材料（4人分）**
- 里いも（味間いも p.83）…250g
- ごぼう（宇陀金ごぼう p.83）…150g（1/2本）
- れんこん（筒井れんこん p.84）…150g（1/2節）
- 金時にんじん…100g（1/2本）
- かぶ…150g（中1個）
- 油揚げ…1枚
- 濃いめのだし（p.6）…800㎖
- 薄口醤油・みりん…各大さじ2
- カレー粉…小さじ1と1/2
- 水溶き片栗粉…大さじ2
- 粉山椒（好みで）…適量
- 温かいごはん…適量

▶ **作り方**
1. 里いもはゆでて冷水にとって皮をむき、半分に切る。れんこんは皮をむいて縦半分に切り、1cm厚さの半月形に切る。ごぼうは皮をこそげて5mm厚さの斜め切りにして水にさらす。にんじんは皮をむいて乱切りにする。
2. かぶは皮をむいて縦半分に切り、6等分に切る。
3. 油揚げに熱湯をかけて油抜きをして横半分に切り、1cm幅の短冊に切る。
4. 鍋にだしと1の野菜類と薄口醤油、みりんを入れ、やわらかくなるまで煮る。
5. 2のかぶ、油揚げ、カレー粉を入れ、薄口醤油で味を調える。
6. かぶに八分通り火が通ったら、水溶き片栗粉でとろみをつけて器に盛り、好みで粉山椒をふる。ごはんを添える。

MEMO
- 里いものゆで方は、沸騰してから約2分ゆでて火を止め、5分適度を目安におとよいでしょう。
- 緑米ごはんや黒米ごはん、雑穀ごはんによく合います。
- 根菜を小さめに切ってカレーを作り、にゅうめんに合わせて、カレーにゅうめんにしても美味しいです。
- 片栗粉は葛粉に代えてもよいです。

RICE & NOODLE

魚介とレモンのピラフ

魚介のうまみをごはんにしっかりとしみ込ませた洋風の炊き込みごはんです。ポイントはレモンとスパイス。エスニックな香りと爽やかな味わいがクセになります。

▶材料（4～5人分）
- 米…3合
- 水…620㎖
- ホタテ…8個
- イカ…1ぱい
- エビ（無頭・殻付き）…8尾
- 白ワイン…40㎖
- オリーブオイル…大さじ3
- A
  - 塩・こしょう…各少々
  - クミン・コリアンダー…各適量
- B
  - 塩…小さじ1と1/2
  - こしょう…少々
  - クミン・コリアンダー…各小さじ2
- 玉ねぎ（みじん切り）…1/2個分
- セロリ（5㎜角）…15㎝長さ分
- レモン（スライス）…1/2個分
- バジル・イタリアンパセリ…各適量

▶作り方
1. 米は洗ってざるにあげておく。
2. エビは殻付きのまま背にハサミを入れ、背ワタをとる。ホタテ4個は4等分に切り、残り4個は厚み半分に切る。イカは短冊のそぎ切りにする。
3. ふた付きの厚手の鍋にオリーブオイル大さじ1を入れて熱し、厚み半分に切ったホタテとイカの半量を入れ、Aをふり、さっと炒めてボウルにとり出す。
4. 3の鍋にオリーブオイル大さじ1を足して熱し、エビを入れて炒め、Bを加えて炒めて別のボウルにとり出す。
5. 4の鍋にオリーブオイル大さじ1を足して熱し、玉ねぎを入れてしんなりするまで炒めたら、米を加えて米が半透明になるまで炒める。分量の水と白ワインを加えてふたをする。
6. 沸騰してきたら、残りのホタテとイカを入れ、Bを加えて混ぜ、3のエビ、レモンスライスを並べ入れ、再びふたをして弱火で約15分炊く。
7. 炊きあがったら3のホタテとイカを並べてふたをし、約10分蒸らす。仕上げにセロリ、バジル、イタリアンパセリを添える。

カニと香菜の焼きそば

さっぱりとした味わいで、食事の"しめ"にも。香菜のかわりに三つ葉や九条ねぎを添えても美味しいです。

▶材料（2人分）
- 焼きそば…2玉
- ごま油…大さじ1
- カニ身…70g
- 香菜…6枝分
- ホタテ（水煮缶）…小1缶（70g）
- ナムプラー…大さじ1
- 白こしょう…適量
- コリアンダー（パウダー）…適量
- ごま油（仕上げ用）…小さじ2

▶作り方
1. カニ身はほぐしておく。香菜は葉を摘んで、茎と根は粗みじんに切る。葉は飾り用にとっておく。
2. フライパンにごま油を入れて熱し、麺をほぐしながら焼く。1の香菜の根と茎を入れて炒める。
3. ホタテ缶の中身と汁も加えて炒め、ナムプラー、白こしょう、コリアンダーで味を調える。
4. カニ身を加えて炒め合わせ、仕上げにごま油をまわしかけて火を止める。器に盛り、香菜の葉をたっぷりと添える。

きのこあんかけ焼きそば

奈良ではきのこ栽培も盛んです。ここでは種類の異なるきのこで風味豊かなあんかけ風に。

▶材料（3〜4人分）
- 焼きそば用麺…3玉
- ごま油（焼きそば用）…大さじ2
- まいたけ・しいたけ・エリンギ・えのきだけ…各1パック
- しょうが（せん切り）…10〜20g
- A
  - ホタテ水煮缶…1缶（120g）
  - 紹興酒（または酒）…大さじ2
  - 水…150㎖
  - オイスターソース…大さじ2
  - 濃口醤油…大さじ1と1/2
- 砂糖…小さじ1
- 水溶き片栗粉…大さじ2〜3
- ごま油…小さじ2
- B
  - コリアンダーパウダー…少々
  - 花椒パウダー…少々
- 長ねぎ（白髪ねぎ）…1/2本分
- 香菜…適量

▶作り方
1. きのこ類は、それぞれ石づきをとる。しいたけは1cm幅に切る。エリンギは横半分に切ってからスライスする。まいたけは手でほぐし、軸部分は細切りにする。しめじは手でほぐす。えのきは2〜3cm長さに切る。
2. フライパンにしょうが、1のきのこ類を入れて火にかけ、Aを加えてよく炒める。濃口醤油（分量外）で味を調え、水溶き片栗粉でとろみをつける。仕上げにごま油をまわし入れ、Bのスパイスをふる。
3. 別のフライパンにごま油を熱して、そばの麺を広げ入れて両面をじっくり香ばしく焼きあげる。
4. 器に3の麺をおいて熱々の2のあんをかけて白髪ねぎを盛り、好みで香菜を添える。

RICE & NOODLE

香りごぼうと大和牛のペンネ 木の芽の香り

コクのある牛肉と春が旬の香りごぼうをクリームソースでやさしい味わいに仕上げました。

▶材料（3人分）
- ショートパスタ（ペンネ）…150g
- 塩（パスタ用）…適量
- 香りごぼう…2〜3本
- 焼き肉用の牛肉（大和牛p.87）…100g
- 塩・こしょう…各少々
- 白ワイン…60㎖
- 生クリーム…120㎖
- 粉チーズ…大さじ1
- 木の芽…適量

▶作り方
1. ごぼうはよく洗ってささがきにし、さっと水にさらしてざるにあげる。
2. フッ素樹脂加工のフライパンに細切りにした牛肉を入れて火にかけ、色が変わるまで炒めたら、1のごぼうを加え、塩、こしょうをふり、白ワインを加える。
3. 煮立ってきたら生クリームも加え、ひと煮立ちさせて火を止める。
4. 鍋にたっぷりの湯を沸かして塩を加え、ペンネをかためにゆで、3のソースに加えて和え、仕上げに粉チーズを加える。塩で味を調えて器に盛り、木の芽を添える。

MEMO
* 香りごぼうは、香りがとんでしまうので、水にさらし過ぎないよう注意します。
* 手順4で、最後に水分が足りなければ、ゆで汁を適宜足してください。ただし、ゆで汁にも塩分があるので塩加減に注意しましょう。

NARA FOOD
［香りごぼう］ その名の通り、ごぼう本来の香りがあり、肉質はやわらか。アクも少ないので、そのまま使うことが可能。奈良・五條市が産地として知られる。

大和きくなと
オイルサーディンのパスタ

優しい香気が特徴の「大和きくな」を使ったパスタです。隠し味はアンチョビの香りに似ているナンプラー。ショートパスタでもロングパスタでも美味しくいただけます。

▶材料 (2人分)
　大和きくな (p.82)
　　…1束 (200g)
　オイルサーディン…1缶
　ショートパスタ
　　(ファルファッレ)…120g
　塩…適量
　にんにく (みじん切り)
　　…1片分
　赤唐辛子 (小口切り)
　　…1〜2本分
　白ワイン…大さじ2
　ナムプラー…大さじ1
　レモン (くし形切り)…適量

▶作り方
1　大和きくなは根元を切り落として5㎝長さに切り、飾り用に別に少量とっておく。
2　たっぷりの湯を沸かして塩(水1ℓに対して約10g程度)を加え、パスタをゆでる。
3　オイルサーディンは、4尾分を別にとっておき、残りをフライパンにオイルごと入れ、にんにくとタカノツメを入れて火にかける。
4　にんにくのよい香りがしてきたら、白ワイン、ナムプラーを加え、さっと煮る。
5　パスタがゆであがったら4のフライパンに入れ、1の大和きくなと一緒に炒め合わせる。仕上げにナムプラーで味を調える。
6　器に5を盛り、とっておいたオイルサーディンと飾り用の大和きくなをのせ、レモンを添える。

NARA FOOD

[大和きくな] 奈良の伝統野菜で春菊の一品種。香りは春菊よりもやさしく、葉は肉厚で大きく、切れ込みが深いのが特徴。春菊同様、鍋物やおひたしなど幅広い料理に使える (p.82)。

RICE & NOODLE

三輪そうめんの黄金(こがね)あん

寒い日にいただくと体の芯から温まります。麺の間にひそんだシャキシャキの長いもがポイント。

▶材料 (2人分)
三輪そうめん…2束
長いも…40g

A ┃ 濃いめのだし(p.6)…500㎖
  ┃ 酒…大さじ2
  ┃ みりん…大さじ1と1/2
  ┃ 薄口醤油…大さじ1
  ┃ 濃口醤油…小さじ1

葛粉…10g~15g
しょうが(すりおろし)…20g

▶作り方
1 長いもは皮をむいて酢水につけてから、せん切りにする。
2 「黄金あん」を作る。鍋にAを合わせて火にかける。沸騰してきたら醤油(分量外)で味を調え、水溶きの葛粉を加えて強めにとろみをつける。
3 鍋にたっぷりの湯を沸かし、そうめんをゆでてざるにあげ、水で充分に洗ったら、熱湯をかけて温める。
4 器に3のそうめん1人分の半量、長いものせん切り半量の順に入れ、残りのそうめんを盛る。熱々の2の「黄金あん」をたっぷりとかけ、おろししょうがを添える。

MEMO 好みで焼き海苔をのせてもよいでしょう。

中華風にゅうめん

いつもと少し違った味わいのにゅうめんはいかがですか？さっぱりしながらもコクがあるので、食べあきません。

▶材料 (2人分)
三輪そうめん…2束
昆布だし…600㎖
えのき…1/2袋
鶏がらスープ(顆粒)…大さじ1
卵…2個
薄口醤油…小さじ1
しょうが(すりおろし)…適量
白こしょう…少々
細ねぎ(小口切り)…2本分
水溶き片栗粉…適量
ごま油…少々

▶作り方
1 えのきは、石づきを切り落として長さ半分に切る。
2 鍋に昆布だし、鶏ガラスープ、薄口醤油、1のえのきを入れて火にかけ、白こしょうをふり入れて味を調え、水溶き片栗粉でゆるめにとろみをつける。
3 2に、卵を割りほぐして流し入れ、卵とじにする。
4 鍋にたっぷりの湯を沸かし、そうめんをゆで、冷水でよく洗ってざるにあげ、熱湯をかけて水気をきる。
5 器に4のそうめんを盛り、熱々の3のあんをかける。おろししょうがを、細ねぎを添え、ごま油を数滴落とす。

MEMO ここでの分量は単品としていただく場合の分量。食事の最後に出す場合は、4人分程度になります。

三輪そうめんサラダ仕立て　桜の香り

桜の花と三輪そうめんを
サラダ風にアレンジしました。
繊細な味わいの三輪そうめんと
桜の香りで春を満喫してください。

▶材料（4人分）
三輪そうめん …1束
タイ（刺身用）… 80g
塩…少々
たけのこ（水煮）… 120g
桜の花（塩漬け）…30g
せり… 1束
A ┌ 白ワインビネガー
　│　 …大さじ2と1/2
　│ オリーブオイル
　│　 …大さじ2と1/2
　│ ナムプラー
　└　 …小さじ1と1/2

▶作り方
1　タイは強めに塩をふってキッチンペーパーで包み、水分が出てきたら洗って水気をよくふき、3cm長さの棒状に切る。
2　桜の花（塩漬け）は、水に漬けてほどよく塩抜きする。飾り用分の桜の花少量を別にとり、残りは軸をはずして水気をきる。
3　たけのこは2～3cm長さに切り、せん切りにする。
4　せりは飾り用の葉少量を別にとり、残りを1cm長さに切る。
5　ボウルにAを合わせて混ぜ、1と2を入れ、なじませておく。
6　熱湯を沸かし、そうめんと3のたけのこを入れてゆでる。そうめんがゆであがったら一緒にざるにとって冷水で洗い、水気をしっかり切る。
7　6のそうめんとたけのこ、4のせりを5のボウルに加えて全体に和え、ナムプラーで味を調える。器に盛り、桜の花とせりの葉を飾る。

NARA FOOD

［三輪そうめん］

奈良県桜井市を中心とした三輪地方で作られている伝統的な極細の小麦麺。手のべそうめん発祥の地は三輪地方だといわれ、6～7世紀頃に仏教伝来とともにそうめんの原型が大陸から伝えられたとされる。細くてコシがあり、のどごしもよいのが特徴。小麦粉を塩水で練って帯状にし、表面を油でコーティングし、少しずつよりをかけながら細くのばしていく。途中生地を熟成させながらさらに極細にして、乾燥させる。JAS(日本農林規格)によると、手のべそうめんは直径1.7mm以下に引きのばしたものとされる。機械麺の場合は1.3mm未満と規定。

◆㈱三輪そうめん山本　☎0120-03-6661
http://www.miwayama.co.jp/

RICE & NOODLE

蒸し寿司　奈良漬け風味

奈良漬けの香りをアクセントにした、ちょっと贅沢な蒸し寿司です。
蒸すと、すし飯の酸味がまろやかになり食べやすくなります。

▶材料（4人分）
- 米…2合
- 水…420㎖
- ●合わせ酢
  - 酢…50㎖
  - 砂糖…大さじ2
  - 塩…小さじ1/2
- きくらげ（乾燥）…10g
- アナゴ…2尾
- れんこん…20～30g
- ●煮汁
  - 酒…大さじ3
  - みりん・水…各大さじ2
  - 薄口醤油…小さじ1
- 卵…3個
- 奈良漬け…20g
- 梅生麩（1cm厚さに切る）…適量
- 三つ葉（2cm長さに切る）…適量
- 柚子皮（せん切り）…適量

▶作り方
1. 米はといでざるにあげ、分量の水につけておく。
2. 合わせ酢の材料を合わせておく。
3. 卵を溶いて薄焼き玉子を焼き、せん切りにして錦糸玉子を作る。
4. 具を作る。きくらげは洗って水につけて戻し、粗みじん切りにする。アナゴは5㎜幅に切る。れんこんは皮をむいて1cm角の薄切りにして水にさらす。
5. 鍋に4のきくらげ、アナゴ、れんこんと煮汁の調味料を入れて火にかけ、汁気がなくなるまで煮る。
6. 1の米を炊き、炊きあがったら、2の合わせ酢を加えてさっくりと混ぜ、5の具と5㎜角に切った奈良漬けを入れて混ぜる。
7. ふた付きの茶碗にに6を盛り、3の錦糸玉子をたっぷりのせる。生麩をのせ、ふんわりラップをかけて電子レンジ（600W）で約1分半加熱する（蒸し器で蒸すと、よりふっくら仕上がる）。ラップをはずして三つ葉と柚子を添え、ふたをして供する。

NARA FOOD

［奈良漬け］　奈良時代から食されてきたという奈良を代表する漬け物。白うりやすいか、きゅうりなどを粕漬けにしたべっこう色の漬け物で独特の風味がある（p.86）。

秋の具だくさん茶粥(がゆ)

奈良の郷愁溢れる茶粥に季節の野菜をたっぷり加えました。
香ばしいほうじ茶の香り、奈良特産の梅干しの酸味がアクセントに。

▶材料(2人分)
- ごはん…150g
- だし昆布(10cm角)…1枚
- 水…700㎖
- さつまいも…100g
- 冬瓜…100g
- 生しいたけ…40g(4枚程度)
- しめじ…50g
- 枝豆…16粒(40g)
- 塩(枝豆用)…適量
- 塩…小さじ1/2～1/3
- ほうじ茶(大和茶)…8g
- 梅干し…2個

▶作り方
1. 鍋に昆布と分量の水を入れてつけておく。
2. さつまいもは1.5cm厚さのいちょう切りにする。冬瓜はワタと皮をとって1.5cm角に切る。しいたけは石づきをとって4等分のいちょう切りに。しめじは石づきをとって3等分に切る。
3. 枝豆は塩ゆでしてさやから出す。ほうじ茶はお茶パックに入れる。
4. 1の鍋に2の野菜類すべてと塩を入れて中火にかける。沸騰したら、昆布をとり出し、弱火で煮て、さつまいもと冬瓜がやわらかくなるまで煮る。
5. 4に、ごはん、お茶パックに入れたほうじ茶を入れ、好みの濃度まで煮出したら、お茶パックをとり出す。
6. さっと煮立てて塩少々(分量外)で味を調えて火を止め、器に茶粥をたっぷりとよそい、梅干しと3の枝豆を添える。

MEMO
* 生米ではなく、ごはんで作るので簡単にできます。ごはんを入れてからは、長時間煮ないようにします。
* この他、里いもやにんじんなど、好みの野菜を使っても美味しくできます。
* 奈良県は西吉野、月ヶ瀬といった梅の産地も多く、梅干しも美味しいです。

NARA FOOD

[大和茶] 弘法大師が唐から茶の種を持ち帰り、奈良の宇陀地方に植栽したのが始まりだといわれる。ここで使ったほうじ茶の他、緑茶や煎茶、玉露など、大和茶から様々な種類のお茶が生産されている(p.87)。

簡単&美味しい！具入りのごはん

炊きたての白いごはんも美味しいですが、具入りのごはんメニューがあれば食卓が華やぎます。

緑茶の炒飯レモン風味

爽やかな緑茶とレモンの香りでさっぱりと

作り方（4人分）／豚ばら肉200gは1cm幅に切る。新しょうが40～50gは皮をむいて2cm長さのせん切りにする。緑茶（大和茶p.87）大さじ2は細かく砕く。レモンの皮少々はごく小さい角切りにする。フッ素加工のフライパンを火にかけ、豚肉を焼き、火が通ったら薄口醤油小さじ2を加えてさらに炒める。ごはん600g、せん切りの新しょうがを加えてよく炒め、塩・こしょう少々で味を調える。刻んだ緑茶を加えて全体に炒めて茶碗によそい、細かく刻んだレモンの皮をふる。

鶏肉と奈良漬けの炊き込みごはん

奈良漬けが苦手な方にも試していただきたい

作り方（4～5人分）／米3合をといで、ざるにあげる。鶏もも肉（大和肉鶏p.87）150～200gは2cm角に切ってフライパンで軽く炒め、塩少々をふる。炊飯器に、といだ米、水600㎖、酒50㎖、奈良漬け（5mm角に切ったもの）70～80g、炒めた鶏肉を入れて30分おいてから炊く。炊き上がったら10分蒸らして器に盛り、柚子のせん切り少々を添え、好みで粉山椒をふる。

ほうじ茶風味の蛸（たこ）ごはん

ほうじ茶で炊くとタコが色よくやわらかに

作り方（4～5人分）／米2合ともち米1合をといでざるにあげ、水600㎖と昆布10cm角1枚と一緒に炊飯釜に入れて1時間半以上おく。ゆでタコ200gは熱湯でサッとゆでてざるにあげ、3mm厚さに切って炊飯器に加える。酒50㎖、薄口醤油小さじ2、お茶パックに入れたほうじ茶約7gも加えて炊飯する。お茶パックと昆布をとり出し、さっくりと混ぜ合わせる。茶碗によそい、三つ葉を添える。

煎り黒豆ごはん　ほうじ茶風味

ほうじ茶の香りが黒豆の甘みを引き立てます

作り方(4〜5人分)／米2合ともち米1合は合わせてといで、ざるにあげる。炊飯器に、といだ米ともち米、だし昆布5×10cm(1cm角にカット)、煎り黒豆50g(市販品)を入れ、水640ml(黒豆が吸水するのでやや多め)と一緒に1時間半程度浸水する。お茶パックに入れたほうじ茶5〜10g、酒大さじ2、塩・薄口醤油各小さじ1を加えて炊飯し、炊きあがったらお茶パックをとり出す。全体を混ぜてから10分程度蒸らす。

　　※ほうじ茶は、製品によって風味が違うので、
　　　好みで加減してください。

長いもの炊き込みごはん 緑茶の香り

ホクホクした長いもの食感が魅力です

作り方(4〜5人分)／米2合をといでざるにあげ、水440mlと一緒に炊飯器に入れる。皮をむいて1cm角に切った長いも150g、10cm角の昆布1枚も加えて約一時間おく。さらに酒50mlと塩小さじ1/2を加えて炊飯する。炊きあがったら、刻んだ緑茶※(p.87 煎茶)の葉小さじ1と1/2弱を混ぜて茶碗によそい、細かく刻んだ緑茶少々をふる。

　　※緑茶は、キッチンペーパーなどに挟んで、
　　　包丁で叩くようにして切ったものです。

さつまいもとれんこんの 炊き込みごはん

根菜がたっぷり！体に優しいごはん

作り方(4〜5人分)／米2合はといでざるにあげ、水420mlと昆布(5×5cm)1枚と一緒に炊飯器に入れる。さつまいも小2本はよく洗って1cm厚さ半月(またはいちょう)切りにして水にさっと放す。れんこん150gは皮をむいて、さつまいもと同じ大きさに切る。炊飯器にさつまいもとれんこんを入れ、酒大さじ2、塩小さじ1も加えて炊飯する。炊きあがったら昆布を取り出し、クコの実適量を入れて10分間蒸らす。器によそい、炒り黒ごまをたっぷりふる。

食卓が豊かになるスープ

SOUP

昔から一汁三菜という言葉があるように
食事につきものなのがスープや汁もの。
ここでは温かいものから冷たいものまで
味わいも様々なスープと汁ものを紹介。
気軽にできるので、
いつものお食事や、
おもてなしの一品に加えてみてくださいね。

フルーティなガスパチョ

人気のスープがトマトとオレンジのジュースで簡単にできます。カットしたいちごやキウイなどのフルーツを加えるので食感も楽しめます。暑い時季にキリッと冷やしてどうぞ。

▶材料（2〜3人分）
- トマトジュース（無塩）…160㎖
- オレンジジュース（果汁100%）…80㎖
- いちご（アスカルビーp.85）…6〜8個
- キウイ…1/2個
- オリーブオイル…小さじ2
- 塩…ひとつまみ
- 黒こしょう…適量
- 生ハム…2枚
- バゲット…適量
- ローズマリー…適量

MEMO
トマトジュースとオレンジジュースの黄金比率は2：1。どちらもあらかじめ冷やしておきましょう。

▶作り方
1. ボウルに冷やしておいたトマトジュースとオレンジジュースを合わせ入れる。
2. いちごはヘタをとって5mm角に切り、1のボウルに入れる。塩ひとつまみを加えて混ぜ合わせ、20分ほどおく。
3. キウイは皮をむいて、いちょう切りにする。
4. バゲットを薄く切って、生ハムをのせ、トースターでカリッと焼く。
5. 器に2のスープを入れて3のキウイを入れ、オリーブオイル、黒こしょうをふる。4の生ハムとパンを添える。あれば、フレッシュのローズマリーを添える。

SOUP

新玉ねぎのスープ

甘くて美味しい新玉ねぎと、まろやかな豆乳を合わせたスープです。ほろ苦いコーヒーパウダーがアクセント。塩気のある生ハムをカリカリに焼いて添えます。

▶材料（4〜5人分）
- 新玉ねぎ…中2個
- 水…300㎖
- 塩…小さじ1/2
- コーヒー（粉）…少々
- 黒こしょう…少々
- 豆乳…100㎖
- 生ハム…1〜2枚
- イタリアンパセリ…適量
- オリーブオイル…少々

▶作り方
1. 新玉ねぎはスライスして、分量の水と塩と一緒に鍋に入れ、やわらかくなるまで煮て粗熱をとり、ミキサーなどでピュレ状にする。
2. 鍋に1の玉ねぎのピュレと豆乳を合わせて煮立てないように注意しながら温め、塩で味を調える。
3. 生ハムをフライパンでカリカリに焼き、キッチンペーパーにとって油を吸いとってから手でちぎる。
4. 器に2のスープを注ぎ、コーヒーの粉、黒こしょうをふる。イタリアンパセリをのせ、3の生ハムも添える。好みでオリーブオイルを数滴たらす。

MEMO
コーヒーは豆を細かくひいたものでもOKです。

秋の具だくさん　イエローカレースープ

根菜がたっぷり入った具だくさんのカレースープはメインメニューにもなります。
市販のカレーペーストを使えば、手軽に本格的な味わいが楽しめます。

▶材料（3～4人分）
　さつまいも…小2本
　玉ねぎ…中1/2個
　たけのこ（水煮）…小1個
　鶏むね肉…150～200g
　サラダ油…大さじ1
　イエローカレーペースト
　　（市販品）…大さじ2
　ココナッツパウダー…40g
　熱湯…500㎖
　ナムプラー…大さじ1と1/2
　砂糖…小さじ1
　ミニトマト（半分にカット）
　　…8個分
　バジルの葉…適量

▶作り方
1　さつまいもはきれいに洗って皮つきのまま乱切りにして水にさらす。玉ねぎは2㎝角に切る。たけのこは縦半分に切ってよく洗って乱切りにする。鶏肉は皮をとり、2㎝角に切る。
2　ココナッツパウダーを分量の熱湯で溶かしておく。
3　鍋を火にかけて油を熱し、イエローカレーペーストを弱火でこがさないように炒めて香りを引き出したら、1の鶏肉を入れて炒め、玉ねぎ、たけのこ、さつまいもを加えて炒める。
4　2のココナツミルク、ナムプラー、砂糖を加え、ふたをして弱火で煮る。
5　さつまいもが、やわらかくなったら、ミニトマトを加える。最後にナムプラー、砂糖で味を調えて器によそい、バジルの葉を添える。

MEMO
イエローカレーペーストはタイカレー用の市販品を使っています。

大和ふとねぎのスープ

加熱すると甘みとうまみが増す大和ふとねぎは、葉先も美味しくいただけます。
寒い時季にうれしい体の芯からぽかぽか温まるスープです。

▶材料（4人分）
大和ふとねぎ
　（白い部分用／p.84）…150g
大和ふとねぎ
　（青い部分用／p.84）…50g
ベーコン（薄切り）
　…30g
塩…小さじ1/2
水…400㎖
三輪そうめん（p.69）…50g
黒こしょう…適量
豆乳（無調整）…400㎖
白味噌…小さじ2
バター…5g

▶作り方
1 大和ふとねぎの白い部分は斜め薄切り、青い部分は薄く小口切りにしておく。
2 ベーコンは3㎜幅に切る。
3 鍋に分量の水を入れ、大和ふとねぎの白い部分とベーコン、塩を入れる。沸騰してきたらアクをとって弱火にしてねぎがやわらかくなるまで煮る。
4 そうめんをほどよくゆでてざるにとり、水でしっかり洗っておく。
5 3の大和ふとねぎがやわらかくなったら、豆乳、白味噌を溶かし入れ、塩で味を調える。最後に、ねぎの青い部分も入れ、しんなりなりしたら、できあがり。
6 器に4のそうめんを入れ、5のスープを入れる。バターをのせ、黒こしょうをふる。

MEMO

＊豆乳を入れたら、ぐらぐら煮ないよう注意しましょう。加熱しすぎると分離します。
＊好みで、そうめんの量をもうすこし多くしてもよいでしょう。
＊大和ふとねぎの代わりに下仁田ねぎなどでも作ることができます。

大和丸なすの冷たいスープ　白味噌風味

ふっくらとした大和丸なすの味と香りが白味噌によく合います。
なすの田楽とはまた違った味わいが楽しめます。

▶材料（4人分）
大和丸なす（p.83）
　…1個
オリーブオイル
　…大さじ2
枝豆…20粒
じゅんさい…適量
●スープ
　水…500ml
　昆布（10cm角）…2枚
　白味噌…大さじ4
　みりん…大さじ1
　塩…少々
オリーブオイル
　（仕上げ用）…適量
粉山椒…少々

▶作り方
1　鍋に分量の水を入れて昆布をつけておく。
2　1の鍋を火にかけ、沸騰したら昆布をとり出して白味噌を溶き入れ、みりん、塩を加えて火を止めてスープを作る。粗熱をとってから冷蔵庫で冷やしておく。
3　大和丸なすは4等分になるよう輪切りにし、さらに6等分のいちょう切りにする。なすを水に放してアク抜きをしたら、キッチンペーパーで水気をふきとっておく。
4　フライパンを火にかけてオリーブオイルをなじませ、3のなすを入れてふたをし、やわらかくなるまで両面焼く。
5　枝豆は塩ゆでしてさやから出す。じゅんさいは、ざるにとって水洗いする。
6　器に4のなす、5の枝豆を入れて2のスープを注ぎ入れる。じゅんさいを加え、オリーブオイルをたらして、粉山椒をふる。

MEMO
＊白味噌はメーカーにより塩分が違うので、味をみながら調味します。
＊なすには調味していないので、スープはやや濃い目のほうがバランスがよいです。

バラエティ豊かなスープ&汁もの

野菜だけでなくフルーツを使ったオリジナルスープや、簡単なのに本格的な味わいの汁ものを紹介します。

じゃがいもと りんごのスープ

じゃがいものポタージュ×りんごが意外な美味しさ！仕上げのスパイスがアクセント。

作り方(4人分)／じゃがいも(小)3個、玉ねぎ1/8個、りんご1個は、それぞれ皮をむいて薄切りにして鍋に入れ、水適量(具がひたる程度)、白ワイン大さじ1、塩小さじ1/3を加えて火にかける。沸騰したらアクを取り、ふたをしてやわらかくなるまで煮て火を止める。粗熱をとってミキサーでピュレ状にする。これを鍋に戻し、牛乳150㎖を入れて温め(濃度は水適量で調整)、塩で味を調える。器に入れ、スライスしたりんご少々、イタリアンパセリを添え、カルダモンパウダー少々をふり、オリーブオイル適量をたらす。

トマトと アイスクリームのスープ

意外な組み合わせが美味しい冷たいスープ。トマトジュースは甘味と酸味のバランスがよい奈良産トマトのジュースを使いました。

作り方(2人分)／ボウルに冷やしておいたトマトジュース(無塩)180㎖を入れ、ミニトマトは1個を8等分にして加える。冷やしておいた器にトマトジュースのスープを入れ、バニラアイスクリーム適量をスプーンですくって静かに入れる。オリーブオイル小さじ1/2をまわしかける。黒こしょう少々をふり、バジルの葉を添える。岩塩(粗粒)を添えてもよい。

ごま豆腐ときのこの赤だし

きのことごま豆腐を具にした食べごたえのある汁もの。最後に加えるみょうがの風味とシャキシャキ感がミソ。

作り方(4人分)／えのき1袋は石づきをのぞいて4等分に切る。なめこ1袋はざるに入れて水洗いし、水をよくきる。鍋に濃いめのだし(p.6)600mlを入れて火にかけ、酒大さじ1、赤味噌大さじ3を溶かし入れたら、えのきとなめこを加えてさっと火を通す(A)。濃口醤油小さじ1で味を調えて火を止める。ごま豆腐適量を好みの大きさにカットし椀に置き、(A)の汁を椀のまわりから静かに注ぎ入れる。みょうが適量(※)を添え、好みで粉山椒をふる。
※みょうがは斜め輪切りにし、さっと水にさらして水気をきったもの。

牛肉と大根の
白味噌仕立て椀

牛肉を使った贅沢な汁ものです。白味噌仕立てにすると、ほっこりやさしい味わいに。

作り方(4人分)／だし800mlを火にかけ、白味噌大さじ6、塩小さじ1/3、みりん小さじ1と1/2を加えて味を調える(A)。牛肉(焼肉用ロース肉)8枚に塩少々をふる。大根適量は5mm厚さの半月(またはいちょう)切りにする。青ねぎ2本は5cm長さの斜め切りにする。フライパンを強火で熱し、牛肉の両面を焼いて脂が出てきたら、大根も入れて両面に焼いて火を通す。青ねぎを加えて鮮緑色になるまで焼く。椀に大根と牛肉を交互に重ね置き、焼いた青ねぎを添える。(A)の汁を温め、椀のまわりから静かに注ぎ入れ、粉山椒少々をふる。

わたしのお気に入り食材 Nara Food

奈良には「大和の伝統野菜」をはじめ、歴史や文化を継承した、こだわりの食材が数多くあります。ここでは奈良産の農畜産物を中心に、お気に入りの食材とレシピをピックアップして紹介します。

※一般的な野菜で代用可能なものには「⇒」で紹介しています。
◆印は食材のお取り寄せ連絡先です。

大和きくな [yamato-kikuna]

キク科の葉物野菜。「菊菜（きくな）」は主に関西での呼び方。奈良県内では古くから栽培されてきた在来の春菊の一品種。みずみずしい葉とマイルドな香り、細かく枝分かれし株ごと抜き取る。煮物やおひたし、揚げ物、洋風メニューにも向く。
⇒春菊など

大和まな [yamato-mana]

小松菜や菜の花と同じアブラナ科の野菜。古くは採油目的で栽培されていたが、その後、漬け物などに使われるように。クセが少なく生食可能で軸は歯切れがよい。夏場は辛味が増し、冬場には甘味が強くなり柔らかくなる。煮物や漬け物、おひたしなどに。　⇒小松菜など
◆UEDAなっぱ工房　　TEL:0745-52-4583

Pick up recipe 1

大和まなの和えもの

大和まな1束はゆでて冷水にとり、2～3cm長さに切って水気を絞る。はっさくの果肉適量は3等分する。ボウルに味噌大さじ2、砂糖大さじ1と1/2、酒・練りごま各小さじ2を入れて電子レンジで温めて、混ぜる。ゆでた大和まなを加えて粉山椒をふり、和えて器に盛り、はっさくを添える。

ひもとうがらし　[himotogarashi]

しし唐辛子と、辛唐辛子の雑種から選ばれたといわれる甘味種のとうがらし。細長く、皮は濃い緑色で薄く柔らかい。ピーマンのような苦味はなく、甘みがあるので食べやすい。地元では夏の定番野菜として親しまれてきた。煮物・揚げ物・佃煮などによく合う。
⇒甘長唐辛子、伏見唐辛子など

大和丸なす　[yamato-marunasu]

大和郡山市を中心に古くから栽培される丸なす。まん丸でツヤのある紫黒色の皮が美しく、ヘタには太いトゲがある。肉質は柔らかで緻密。焼いても煮ても煮くずれしにくい。油を吸いにくいので調理してもべたつかず、煮物や揚げ物などにも適している。
⇒賀茂なすなど

宇陀金ごぼう　[uda-kingobo]

奈良県北東部の宇陀市を中心とした冷涼な気候で育つ。香りがよく、太くて肉質が柔らかいのが特徴。雲母を多く含んだ土の付いたごぼうは表皮が金粉のようにキラキラと輝くことから、縁起物としてお節料理にも珍重される。太いものは詰め物料理などにも利用できる。

◆農業生産法人㈱グリーンワーム21
　TEL:090-3729-7597
　http://www.greenworm21.com

味間いも　[ajima-imo]

奈良県北部、田原本町・味間地区で戦前から作り継がれてきた里いもの一種。親いも、小いも共に食用となり、ころんと丸い形が特徴。加熱すると、ほっこりとろりとしてなめらかな食感に。煮物や焼き物、グラタンなどにすると美味しい。冬場が旬。
⇒里いも

わたしのお気に入り食材

筒井れんこん　[tsutsui-renkon]

奈良県大和郡山市にある筒井城一帯は、地下水が豊富な湿地帯で土質がやわらかい。れんこん栽培に適していることから戦前より栽培が盛んだ。節部分が長く白く、もっちりと粘りがあり、適度に歯切れがよい。煮物、炒め物や揚げ物など幅広い調理法に向く。

大和ふとねぎ　[yamato-hutonegi]

ふとねぎの名の示す通り、根にあたる軟白部分が太いのが特徴。加熱することで生まれる独特のとろみと甘みが魅力。白い根部分はもちろん、緑色の葉先まで美味しく食べられる。そのまま焼いたり、鍋物に入れるほか、洋風の料理にもよく合う。
⇒下仁田ねぎなど

結崎ネブカ　[yuzaki-nebuka]

かつて奈良県北西部の結崎村(現川西町)を中心に生産されてきた葉ねぎの一種。甘くやわらかで粘りが強いのが特徴。そのやわらかさゆえ出荷に向かず、一時は市場から消え"幻のねぎ"とされていたが、近年、地域ブランド野菜として復活し好評を得ている。
⇒九条ねぎなど

Pick up recipe 2

結崎ネブカいっぱい塩焼きそば

フライパンに油大さじ1を熱し、食べやすく切った豚ばらスライス肉100gを炒めて塩、こしょうをふり、中華麺2玉を入れてほぐし炒める。3〜4cm長さの斜め切りの結崎ネブカ7〜8本分(180g)を加え、薄口醤油小さじ2、塩小さじ1/3を加えて軽く炒め、塩で味を調える(2人分)。

NARA FOOD

アスカルビー [asuka-ruby]

近畿一帯でいちご生産量が最も多いのが実は奈良県。2000年に品種登録された奈良県生まれのいちごで、大粒でつややかな赤い果皮からルビーの名が。果肉はジューシーで甘さと酸味のバランスがよい。そのままはもちろん、料理のソースや和え物などに使うと美味しい。

柿 [kaki]

奈良は和歌山に次いで全国生産量第2位を誇る国内有数の柿の名産地。刀根早生、富有、御所など、様々な柿が栽培される。ハウス栽培も盛んで、こちらは全国一位の生産量を誇る。柿はそのまま切って生食にするほか、干し柿やケーキなどに加工したものも人気がある。

はっさく [hassaku]

奈良盆地周辺の山はなだらかで比較的暖かいため、多彩な柑橘類の栽培が盛ん。八朔(はっさく)は適度な甘みと酸味、さらに少し苦味あるのが特徴。とくに無農薬・ノーワックスのはっさくがおすすめ。皮も生かしてピールやジャムなどにすることができ、丸ごと楽しめる。

◆奈良・葛城の八朔　みかんの森
　TEL&FAX:0745-64-2320

はっさくジャム

Pick up recipe 3

はっさく(中)6個は4等分に切って皮をむく。果肉は袋から出し、皮は好みの苦みを残す程度に2～3回ゆでる。鍋に皮と果肉を入れ、全体重量の8割程度の量の砂糖を加えて火にかける。沸騰したらアクをとり、弱火で煮詰める。煮汁が少なくなってきたらヘラでこげないよう混ぜる。ツヤと照りが出たらウイスキー小さじ1～2を入れ、鍋底にとろりとした煮汁がつくまで煮て火を止め、煮沸した保存瓶に入れる(作りやすい分量)。

わたしのお気に入り食材

奈良漬け [nara-duke]

奈良特産の漬物のひとつ。白うり、すいか、きゅうりなどの野菜を塩で漬けてから酒粕を何度も取り替え、べっこう色になるまで漬けたもの。カリカリとした歯触りと特有の風味がある。そのまま食べるだけでなく、ごはんと一緒に炊き込んでも美味。

黒大豆 [kuro-daizu]

奈良県の宇陀市を中心に栽培されており、10月頃には枝豆としても出荷される黒豆を乾燥したもの。正月の煮豆がよく知られるが、豆腐や納豆、味噌や醤油、スイーツなど利用範囲が広い。香ばしい煎り豆も手軽にできるのでおすすめ。

酒粕 [sake-kasu]

奈良は清酒発祥の地といわれ、伝統的な酒造も数多くある。酒造りの過程でできる副産物である酒粕は栄養価にも優れ、旨みが詰まった良質な発酵食品。漬物や甘酒以外に、チーズの代わりとして洋風料理やスイーツにも使うことができ、アイデア次第で使い方が広がる。

Pick up recipe 4

酒粕カナッペアラカルト

カンパーニュなど天然酵母パンに酒粕を厚めにぬり、食べやすく切ったいちご、セロリ、生ハム、干し柿などをのせる。いちご→はちみつ、生ハム&セロリ→オリーブオイルをかけると美味しい。

NARA FOOD

大和茶
[yamato-cha]

弘法大師空海が唐から持ち帰った茶の種から栽培が始まったとされる歴史あるお茶。全体の7割は奈良県北部で生産される。標高300m以上、朝晩の温度差が激しい高冷地でゆっくりと栽培された茶葉は香り高く良質。飲むだけでなく、料理やお菓子作りにも活躍する。

古代ひしお
[kodai-hishio]

奈良時代の大豆発酵調味料を奈良県醤油協同組合有志らが、できる限り当時のまま再現したという"古代の調味料"。香ばしい香りと甘みがあり風味豊かな味わい。原料は黒大豆、大麦、こうりゃん、塩など。
◆奈良県醤油工業協同組合
http://web1.kcn.jp/nara_shouyu/

Pick up recipe 5

古代ひしおバター

バター(食塩不使用)25gは常温で柔らかくして練り、古代ひしお小さじ1(好みで加減する)を加えて混ぜる。これをトーストしたパンにつけていただく(作りやすい分量)。玉子料理やチーズ、温かいごはんとも好相性。

大和肉鶏
[yamato-nikudori]

奈良県産のブランド地鶏。肉質は脂肪が少なく適度な弾力とやわらかさを兼ね備える。肉質向上のため奈良県産米を与えている。

ヤマトポーク
[yamato-pork]

奈良県産ブランド豚のひとつ。肉質は上質な脂肪が適度に入り、脂身が口中ですっと溶けるほどやわらかでジューシー。

大和牛
[yamato-ushi]

鎌倉時代から良質な牛の産地として知られる奈良県が誇る黒毛和牛。肉質はキメ細かく、うまみがあり、やわらかで上品な食感が身上。

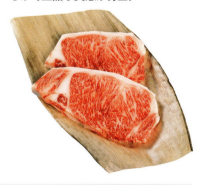

◆奈良まほろば館　奈良直送の野菜や果物をはじめ、奈良産の様々な加工食品も販売
東京都中央区日本橋室町1-6-2　日本橋室町162ビル1F・2F　TEL:03-3516-3933　http://www.mahoroba-kan.jp/

あとがき

この度は、この本を手に取ってくださいましてありがとうございます。今回、ご紹介するのは私のレシピのごく一部ですが、「手に届くお料理、でも、いつもとちょっと違っている」を感じていただけましたら幸いです。出版にあたり、今まで私を支えてくださった多くの皆様、家族にこの場をお借りして、心より感謝申し上げます。今、「食」が色々な面から取り上げられる時代となりました。これからも、地元食材、それを育てる生産者さんに寄り添うお料理を考えていきたいと思います。もちろんお家でぱぱっと素敵なお料理も！

白水智子（しらみず ともこ）

音楽短期大学ピアノ科卒業。NHK「今日の料理大賞」新ふるさとの料理部門・特別賞（近畿ブロック大会）、上沼恵美子のおしゃべりクッキング「全国わが家のおもてなし料理大賞」最優秀グランプリ受賞をはじめ、料理コンテスト受賞歴多数。料理教室講師、ケータリング、企業のレシピ開発などに関わる。2008年より奈良県大和郡山市の自宅にて料理サロン「Tomoko's Table」を主宰。ふだんの食材で気軽につくれる、お洒落なおもてなし料理が評判を呼ぶ。2010年より、奈良観光ポータルサイト「ええ古都なら」のふるさとの味料理コーナーで、奈良の特産品を使った創作料理を紹介。「食」を通して心豊かな暮らしを提案する。

◆膳-Sai（白水智子ブログ） http://blog.goo.ne.jp/ozen1_2006

[写真協力]
- ◆奈良県農林部マーケティング課
- ◆地域情報ネットワーク㈱
- ◆㈱三輪そうめん山本

アートディレクション / 國廣正昭（dict.CR）
デザイン / 佐藤暢美　柳澤由季恵（dict.CR）
撮　影 / 白水智子　東谷幸一　後藤弘行（社内）
編　集 / 岡本ひとみ
企　画 / 白水　潔

ふだんの食材で気軽につくる
人気のおもてなし料理
～奈良発 Tomoko's Table の美味しいレシピ～

発 行 日	平成28年4月28日　初版発行
著　　者	白水智子（しらみずともこ）
発 行 人	早嶋　茂
編 集 人	永瀬正人
発 行 所	株式会社 旭屋出版
	〒107-0052
	東京都港区赤坂1-7-19 キャピタル赤坂ビル8階
郵便振替	00150-1-19572
	TEL：03-3560-9065（販売）
	03-3560-9062（広告）
	03-3560-9066（編集）
	FAX：03-3560-9071（販売）

旭屋出版ホームページ　http://www.asahiya-jp.com

印刷・製本　株式会社サンニチ印刷

※許可なく転載、複写、並びにWeb上での使用を禁止します。
※乱丁本・落丁本はお取り替えいたします。
※定価はカバーに表示しています。

ISBN978-4-7511-1204-5　C2077
©Tomoko Siramizu&Asahiya shuppan 2016, Printed in Japan.